中学3年の学級づくり 365日の仕事術&アイデア事典

玉置 崇 編著

明治図書

はじめに

　職員室の私の前に，教員歴４年目になる青年教師の机があります。目の前にいることもあって，何気ない会話をすることがよくあります。
　２学期の始業式の朝のこと。
「いよいよ充実の２学期開始だね。学級できっちり話しなよ」
と話しかけると，
「わかりました！」
という元気のよい返事が返ってきました。そこで，
「どのような話をするつもりなの？」
と質問したところ，彼は，私に次のように言ったのです。
「２学期のはじめですから，今学期もがんばろうという話をしたいと思います。でも，『がんばろう』という言葉は出てきますが，話のネタがなかなか見つからないのです…」
　おいおい…と思いながらも，「こうした悩みをもっているのは，目の前の青年教師だけではないな」と考えたのです。
　１年間の学級づくりを考えてみるとき，学級担任として時期ごとに押さえておかなければならないポイントがいくつかあります。そこで，青年教師を育てる意味でも，それらに合わせたトーク例を示すことには大きな意義があるのではないかと考えました。これが，仲間と共にこの本を世に出そうと思う原動力となりました。

　振り返れば，私自身が青年教師だったころは，ストーブを囲んで，先輩たちから様々な学級づくりのアイデアや仕事術を伝授されていました。今ではすっかり死語となった，いわゆる「ストーブ談義」というものです。
「学級目標を決めることを焦ってはいけないよ。まずはそれぞれが考える理想の学級像を書かせることだ。それらを発表させて，グルーピングしてい

くんだ。こうして徐々に徐々に，互いの思いをすり合せていく。ここが大切なんだ」

「合唱コンクールに向かって，日に日にまとまっていく学級があれば，バラバラになっていく学級がある。その違いはどこにあると思う？　担任が様々な練習方法を知っていることもその１つだ。練習方法を変えると，生徒たちの気持ちも変わるんだよ。当然，合唱も変わってくるというわけだ」

「君の学級の掲示物には動きがないね。動きのある掲示物というのは，学級の今が見える掲示物のことだ。例えば，行事ごとに自分の目標を色紙に書かせて，それを掲示すればいい」

「担任が提出物を集めず，係を動かすことだ。係を鍛えると，担任は随分楽になるよ。うちの学級は，提出物は上下をそろえ，名簿順に重ねて持って来るように指示してあるから，点検はあっという間に終わっているよ」

このように，学級づくりに際してのアイデアや押さえるべきポイント，さらには仕事術を，先輩は惜しげもなく語ってくれました。

この本は，こうしたベテラン教師の語りを紙上に再現していることが，特長の１つになっています。

今回の企画・編集をしていただいた明治図書の矢口郁雄さんには，『スペシャリスト直伝！　中学校数学科授業成功の極意』をはじめ，多くの拙著を担当していただいています。この本も，矢口さんの高い編集力のおかげで，とても読みやすく，使いやすい本になりました。自信をもっておすすめできる，365日活用できる学級づくり本ができました。

2015年2月

編著者　玉置　崇

はじめに

1章 中学3年の学級づくりのポイント
3年で生徒と学級をここまで高めたい！

1 生徒をここまで高めたい！
　1 最上級の中学生を目指す ………………………………………… 12
　2 ギラギラした目で授業に参加させる ………………………… 13

2 学級をここまで高めたい！
　1 自主・自律の精神を感じることができる学級 ……………… 14
　2 義務教育の最終年であることを意識できる学級 …………… 15
　3 ユーモアがわかる学級 ………………………………………… 16

2章 中学3年の学級づくり
365日の仕事術＆アイデア

1 始業式までに
担任としての心構え ……………………………………………… 18
進路指導は新年度スタート前に始まっている！① ……………… 20
進路指導は新年度スタート前に始まっている！② ……………… 22
リーダー育成のビジョンをもとう ……………………………… 24

2 始業式
トークのネタ 始業式の日の教室で ……………………………… 26
決意のほどを一文字で表そう！ ………………………………… 28
明るく，楽しく，の願いを学級目標に込めて …………………… 30

3 学級組織づくり
トークのネタ 学級の組織づくりを行う場面で ………………… 32
生徒の手でつくる係活動 ………………………………………… 34
「リーダーとは何か」について考えよう ………………………… 36

4 健康診断・身体測定
トークのネタ 健康診断・身体測定の前に ……………………… 38
1日の基本スケジュール表をつくろう …………………………… 40

5 給食

- トークのネタ はじめての給食の前に ... 42
- 今日はレディースデー！ ... 44
- 牛乳で乾杯！ ... 46
- 担任からのおかわりサービス ... 48

6 最初の定期テスト

- トークのネタ 最初の定期テストの前に ... 50
- マイライフプランをつくろう！ ... 52

7 部活動

- トークのネタ 部活動が本格始動する前に ... 54
- 夏の大会を日めくりカレンダーで盛り上げよう！ ... 56

8 家庭学習

- トークのネタ 家庭学習について ... 58
- 「学習」と「勉強」の違いって？ ... 60
- 質にこだわる家庭学習 ... 62

9 修学旅行

- トークのネタ 修学旅行の前に ... 64
- 修学旅行の組織づくり① ... 66
- 修学旅行の組織づくり② ... 68
- 修学旅行のしおり活用アイデア ... 70
- 班別研修のスケジュールを立てよう ... 72
- 修学旅行への意識を高める掲示物 ... 74

10 1学期の振り返り

- トークのネタ　1学期の振り返りの場面で ……………………… 76
- 自己評価と「いいとこ見つけ」 ……………………… 78

1学期の通知表 ……………………… 80

11 夏休み

- トークのネタ　夏休みの前に ……………………… 82
- 夏休みの目標を漢字一字で表そう！ ……………………… 84
- 学校見学会の情報をみんなで共有しよう！ ……………………… 86
- トークのネタ　夏休み中の出校日に ……………………… 88
- 夏休み中の勉強時間を累積しよう ……………………… 90

12 2学期始業式

- トークのネタ　2学期始業式の日に ……………………… 92
- 進路情報に自然と目がいく環境づくり ……………………… 94

13 体育大会

- トークのネタ　体育大会に際して ……………………… 96
- 応援パフォーマンスを向上させるアイデア ……………………… 98
- 最後の体育大会にかける思いを黒板に表そう！ ……………………… 100
- 目指せ！学級対抗競技優勝 ……………………… 102

14 生徒会役員選挙

- トークのネタ　生徒会役員選挙の前に ……………………… 104
- 後輩へのメッセージと卒業までの半年間の決意表明 ……………………… 106

15 美術・書写競技会

- **トークのネタ** 美術・書写競技会の前に … 108
- 生徒のやる気を引き出す言葉かけ … 110

16 学級組織づくり（後期）

- **トークのネタ** 学級の組織づくりを行う場面で … 112
- どんな姿で卒業式を迎えたい？ … 114

17 文化祭・合唱コンクール

- **トークのネタ** 文化祭・合唱コンクールの前に … 116
- 学級団結のためのメッセージ … 118
- 合唱練習での担任の仕事 … 120
- 生徒の力で進める合唱練習 … 122

18 進路相談会

- **トークのネタ** 進路相談会の前に … 124
- 進路指導はチームで … 126

2学期の通知表 … 128

19 冬休み

- **トークのネタ** 冬休みの前に … 130
- "自分だけの参考書"をつくろう！ … 132

20 3学期始業式

- **トークのネタ** 3学期始業式の日に ……………………… 134
- 20歳の自分への手紙 ……………………… 136

21 受験

- **トークのネタ** 受験の直前に ……………………… 138
- みんなでお守り大作戦！ ……………………… 140
- 生徒を勇気づける言葉のお守り ……………………… 142

22 同窓会入会式

- **トークのネタ** 同窓会入会式の前に ……………………… 144
- 学校の歴史を知ろう！ ……………………… 146

23 卒業式

- **トークのネタ** 卒業式の前に ……………………… 148
- 卒業までのカウントダウンカレンダー ……………………… 150
- スライドショーで感動を演出！ ……………………… 152
- 卒業式当日の板書，掲示物 ……………………… 154

3学期の通知表 ……………………… 156

1章

中学3年の学級づくりのポイント

3年で生徒と学級を
ここまで高めたい！

1 生徒をここまで高めたい！

1 最上級の中学生を目指す

　3年は中学校の最終年度です。生徒には，**最上級の中学生になってほしいという期待**を込めて，大きな目標を提示しましょう。

　以下に例を示します。

①好ましい友人関係

　良好な対人関係を築き，思いやりのある中学生になるために
- よきライバルと競い合う。
- 軽率な同調をしない。
- あまり感情的にならない。
- "好きな者同士"で集まらない。
- ユーモアを解し，からかわれても怒らない。
- 広く友を求め，誰とでも気さくに話し合える。
- 相手の立場になって物事を考える。
- 他人の意見に素直に耳を傾ける。
- 無心さ，心のおおらかさをもつ。
- 弱い立場の人をいたわる。
- 異性の身体について基礎的なことを知る。
- 自分の性格の特徴を知り，矯正に努める。

②家族，地域とのつながり

　命を慈しみ，自尊感情をもち，地域と進んでかかわる中学生になるために

・命は,一つ限りであることを実感できる。
・生命の連続性を感じることができる。
・家庭内の仕事ができる。
・地域の人に挨拶ができる。
・環境汚染に気を配る。
・地域をきれいに保とうとする。
・地域の行事や祭に参加することを拒まない。

このほかにも,様々な視点があります。
　生徒に出会う前に上記のように具体的に示すことができるように準備をしておきましょう。

2　ギラギラした目で授業に参加させる

　全国各地で教育講演や授業診断をされている角田明先生（元茅ヶ崎市立緑が浜小学校長）は,**「中学生であれば,授業を受けているときの目は"キラキラ"ではなく,"ギラギラ"であるべきだ」**と仰いました。

キラキラしているだけでは，小学生の目であるというのです。
　ギラギラとした目とは，「本当にそうか？」「もっとよい言い方はないのか？」「これだけしかないのか？」「他に資料があるのではないか？」「あの表現はどうして生まれたのか？」といった**探究心が目に表れている状態**のことを指すと言われました。
　義務教育最終年を迎えた３年生に，この"ギラギラした目"について話をして，授業への参加態度や物事を学ぶときの自分の姿勢を意識させたいところです。３年生であれば，具体的なイメージをもつことができるはずです。担任として，年間を通して折に触れて話し，生徒の意識を高めていきたいものです。

２　学級をここまで高めたい！

１　自主・自律の精神を感じることができる学級

　よく「３年生の教室では，学級担任の存在を感じないぐらいになるのがよい」と言われます。この言葉が表している学級像が思い浮かぶでしょうか？
　例えば，担任が一つひとつ指示しなくても，学級の生徒それぞれが自ら状況を判断し，時として離れようとする仲間に声をかけながら，集団としてのまとまりを保っている学級です。
　かつて，ある学級の担任が，病気で１か月ほど入院することになりました。そのとき，学年主任が「先生が退院してくるまで，他の先生に担任をしてもらうことにしたいのですが，どうですか？」と生徒たちに尋ねました。すると，学級代表の生徒が次のように言いました。
　「自分たちの力で学級をまとめていきます。必要なときは先生の病室に交

替で行って指示を聞きますから，新しい担任は必要ありません」
　この担任は，自分が教室にいなくても，自分たちで学級を運営していこうという意思をもつ生徒をしっかりと育てていたということです。
　担任がしばらくいなくても大丈夫な学級。保護者が担任の不在を聞いても，不安を感じなくてすむ学級。回収すべきものがあればだれかが集め先生に届ける学級。学級生活で気付いたことを発表し合い，今日よりも明日，明日よりも明後日と，自ら改善していくことができる学級。このように，自主・自律の精神を感じることができる学級をつくりたいものです。

2 義務教育の最終年であることを意識できる学級

　あまりに強調しすぎると弊害が生じてしまうこともありますが，やはり3年生には義務教育の最終年であるということを心の片隅で意識させておきたいものです。
　4月当初から，何かにつけて「3年生なのだから」というフレーズを生徒は聞くことになるでしょう。そのときに「また始まった…」という気持ちではなく，「確かに！」という前向きな気持ちで聞くことができる学級は，やはり雰囲気が違うものです。

それには，学級担任が３年生の置かれる立場とそれにふさわしい態度を明確に示しておくことです。
　特に強調しておきたいのが，**何気ない日常を大切にするという態度**です。体育大会や文化祭などでは，「３年生なのだから…」とわざわざ言う必要がないほど，自ら意識して行動できる生徒が多いはずです。ところが逆に，日常生活においては，１，２年で習慣としてできていたことが，３年になったとたんできなくなる，というようなことが少なくありません。「日ごろの姿もさすが３年生だ。やるべきことがきっちりやれている」と言われることが，担任としてとてもうれしいことだということを，気持ちを込めて生徒に伝えてみましょう。

3 ユーモアがわかる学級

　どの学年においても大切にしたいのが，ユーモアがわかる学級づくりです。**学級に温かい空気をつくり出す要因の１つが，ユーモアのセンスがある生徒の存在**です。担任のちょっとしたくすぐりにも素直に反応し，笑ってくれたり，微笑んでくれたりする生徒の存在は，学級を明るく温かいものにしてくれます。失敗はだれもがするものですが，ユーモアがある学級では，失敗を許容する雰囲気も生まれてきます。
　こういった雰囲気をつくり出すために，担任もいつもにこやかに，ときにはユーモアを発揮すべきです。堅物先生ではいけません。

2章

中学3年の学級づくり
365日の仕事術＆アイデア

1 始業式までに

担任としての心構え

1 最終学年を受け持つ重みをプラスに感じる

「3年生の担任は荷が重過ぎる…」という話がよく聞かれます。どの学年を担任してもそれぞれ責任はありますが，義務教育の最終学年となると，その重みがグンと増すように感じる教師が多いということでしょう。特に生徒の一生を左右する進路指導のことを考えると，容易に3年生の担任を引き受けることはできないという気持ちにもなります。

しかし，担任するとなったからには，その重みをプラスにとらえてみましょう。3年生になると，生徒は自ずと自身の将来のことを真剣に考えるようになります。それまでうわついていた生徒も，徐々に落ち着いてきます。一人の生徒の人生の岐路に接することができるというのも，教師の仕事の醍醐味です。

2 人生の先輩として語る

担任は，教師としてではなく，時には人生の先輩として生徒に語りたいものです。自分が歩んできた道，人生の岐路に立ったときの心情，人を愛することの意味，この歳になって感じる親のありがたみなど，生徒の心情を揺さぶるような話題がだれにもあるはずです。

3年生ともなると，論理的な思考力が育ち，冷静に判断する力もついてきています。人生の先輩の話を聞きながら，自身のあり方を心静かに見つめることでしょう。

3 「ＡＢＣＤの原則」を守らせる

> Ａ＝当たり前のことを
> Ｂ＝バカにしないで
> Ｃ＝ちゃんとやれる人こそ
> Ｄ＝できる人

　これを，ＡＢＣＤの原則といいます。
　わかりやすく浸透しやすい言葉ですが，これから長い人生を送る中学生に，生涯にわたって大切なことを身に付けさせるのだという覚悟をもって伝えたい原則です。
　言うまでもなく，この原則は一般社会に出てからも，十分に通用するものです。

4 万事機嫌よく

　「万事機嫌よく」は，爆笑落語家の故・桂枝雀がお客さんに色紙を頼まれると，いつも書いていた言葉です。
　短気な自身を戒める言葉だったようですが，この言葉は，教師としての心のもち方も示しているように感じられます。
　生徒は，必ずしも学級担任が思うように動くわけではありません。十分に言って聞かせたつもりでも，すぐにがっかりさせられるような出来事に遭遇するようなこともあるでしょう。
　「子どもは失敗するのが仕事だ」とも言われますが，まさにこのことを実感する日々が続くこともあるでしょう。
　そんなときに，あきらめず，粘り強くかかわり続けるのも担任の大切な仕事です。「この生徒を少しでもよい状況にしよう」という気持ちをもち続けることです。短気を起こさず，「万事機嫌よく」です。

1 始業式までに

進路指導は新年度スタート前に始まっている！①

1 生徒の学習成績を把握する

　3年生を担任するということは，生徒の将来を決める進路指導に直面するということです。一人ひとりに寄り添い，保護者との連絡もこれまで以上に密に取らなくてはなりません。

　そのためにも，年度が始まる前に生徒一人ひとりの学習成績をしっかり把握しておきたいものです。例えば，評定と校内順位はもちろん，順位と評定の相関関係も要チェックです。順位のわりに評定がよい生徒もいれば，逆の生徒もいるはずです。また，観点別評価もチェックして，意欲，基礎・基本，考え方など，どこに強化の重点を置くべきなのかをつかんでおきましょう。

2 進路シミュレーション

　一人ひとりの学習成績を把握したら，仮想の進路シミュレーションをしてみるのもおすすめです。実際には，本人の希望や保護者の意見が優先されますが，2年終了時の成績からみて，適性があると思われる上級学校はどこなのかを考えてみます。まずは，通学圏にある上級学校の把握です。

　また，最近の卒業生がどのような学校を選んでいるのか，それらの学校にどれぐらいの成績で合格しているのか，といった情報の収集も必要です。これは，進路指導担当や経験豊富な先生に教えてもらうのが早道です。

　このように，一人ひとりの生徒の特徴をつかんで進路をシミュレートすると，実際にどのような助言をしたらよいのかも見えてきます。また，年度当初の第1回進路希望調査の結果も余裕をもって受け止められるはずです。

前学年の成績を分析し，教科の重点を探るカルテの一部

2年3学期	国	社	数	理	音	美	体	技	英
評定	4	4	3	3	3	3	3	3	3

順位	1中	1期末	実	2中	2期	学年末
	40	38	⑩	43	35	32

見立て　実力テスト↑　実力あり．技能教科さ多し
　　　　公立…評定→不利か
　　　　私学－○○高校．　　公立－△△高校
アドバイス．スタートダッシュ→評定を伸ばす努力を．

進学先の資料収集も早めに

1 始業式までに
進路指導は新年度スタート前に始まっている！②

1 生徒の家庭環境を把握する

　はじめてその学年を担任する場合は言うに及ばず，持ち上がりの担任であっても，生徒一人ひとりの家庭環境を再確認する必要があります。

　経済状況は進路選択の大きな要素です。保護者が転職した，あるいは離婚したといった家庭環境の変化が起こっていることがあります。また，年度替わりの時期は転勤・転居なども多いので，そういった情報もできるだけ早めにつかみたいところです。

2 進路指導を意識した新年度前の諸準備

　まずは，2年時の担任に個人懇談などで得た情報を詳しく聞いておきます。また，家庭環境調査票や緊急連絡カード，それらに添付される保険証のコピー等も新年度当初に書き直してもらうことになりますが，ただ集めるだけでなく，必ず内容にも目を通しておきます。本人の希望を大切にしつつ，保護者の現状に配慮した進路指導を行うための重要な準備です。

　また，教室に置く進路資料などは，学年部会などで早めに相談して，新年度が始まる前に掲示，設置しておきます。こういった環境の整備も重要な進路指導の1つです。

　もちろん，教師自身の情報収集も欠かせません。昨年度の進路状況を確認し，生徒から質問や相談を受けたとき，的確な答えを返せるようになっておく必要があります。生徒の信頼を得られなければ，進路指導は絶対に成り立ちません。

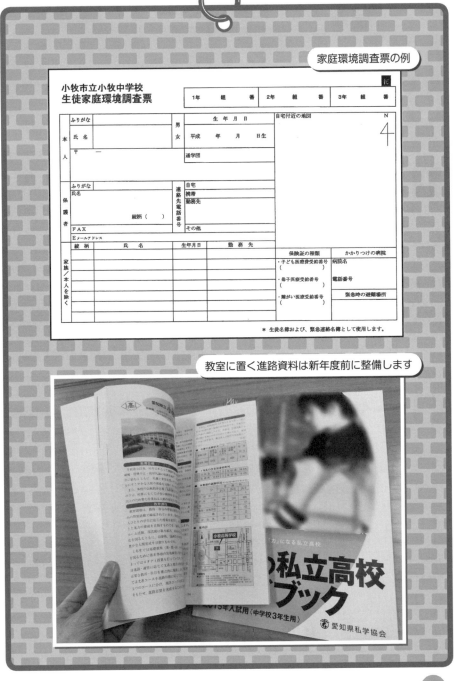

家庭環境調査票の例

教室に置く進路資料は新年度前に整備します

1 始業式までに

リーダー育成の
ビジョンをもとう

1 担任のリーダー像をはっきりさせる

　学級のリーダーがしっかりと育てば，学級経営は楽になります。3年になると，とりわけリーダーの存在は大きいものになります。担任は，新年度がスタートする前にリーダー像をはっきりもつことが大切です。まずは，自分が望むリーダー像を書き出してみることをおすすめします。

　また，例えば，「担任はアドバイザーに徹する」など，学級担任としての立ち位置を決めておくことも大切です。新年度がスタートすると，目の前のことで精いっぱいになってしまうので，始業式までに落ち着いて考える時間をつくりたいものです。

2 リーダーの育て方

　リーダー育成の基本は，まずはやらせてみる，ということです。たくさんの失敗が出てきますが，何が原因かを考えさせ，その中で教師がアドバイスを行い，またやらせていきます。このサイクルを繰り返していくうちに，いろいろなことに対処し，周囲を引っ張る力が育っていきます。

　特に，大勢の人の前できちんと話すことができるというのは，リーダーにとって重要な力です。場数を踏まなければ伸びない力なので，発表の場を多く確保することがポイントになります。

　また担任は，どんなに小さなことでも，うまくいったらほめる，ということをしっかり意識しておく必要があります。リーダーといえども中学生，ほめられることで自覚が生まれ，次のがんばりにつながっていきます。

担任が望むリーダー像の例

- 進んで元気なあいさつができる。
- 学級として今どうすべきかを判断することができる。
- 級友に呼びかけができる。
- 級友の気持ちをよく知っている。
- 性別などによって差別をしない。
- 困っている級友がいれば進んで手助けをする。
- 善悪の判断が適切で，言うべきことをきちんと言える。
- 学級を代表して動くことができる。
- 学級の問題点に気付き，解決に向けての心配りができる。
- 学級担任や教科担任との連絡ができる。
- 適切な話し合いの進行ができる。

発表の場を多く確保することで，リーダーとしての話す力を伸ばします

2 始業式

トークのネタ 始業式の日の教室で

1 話し始める前に

　多くの生徒や保護者，さらに教師も「3年生＝受験」というイメージをもっています。中学校3年間の中だけでみれば3年の特色は確かにそのように言えるかもしれませんが，年度のはじめに受験一色の1年であるかのような印象を担任が進んで与えるのは慎みたいものです。

　それよりも意識させたいのが，義務教育の最終年度であることです。国がすべての国民に必要としている学びは，この1年で終了するということです。そのことの重要性を認識させるような話をするとよいでしょう。

　また，多くの生徒は高校に進学する道を選びますが，高校での学級生活は，小中学校とはかなり違います。最近の高校は小・中学校に近づいてきている部分もありますが，高校は集団のまとまりより，どちらかというと個人のがんばりが重要視されるところです。そういった意味で，みんなの手で学級をつくっていく最後の機会であると話してもよいでしょう。

2 話の献立

- **中学3年生が置かれる立場**（義務教育9年間の最後の年であることを理解させる）
- **担任としての意気込み**（この学級にかける熱い思いを語り，必要に応じて黒板を使う）

トーク 始業式の日の教室で

　教室に入るなり，まずは全員の顔をしっかり見ましょう。そして話し始めます。

> 　今日から3年生としての学校生活が始まります。今年は，義務教育9年間の最終年です。義務教育については国の法律に定められています。難しいことを言いますが，聞いてください。教育基本法という法律があって，そこにはこう書いてあるのです。「義務教育として行われる普通教育は，各個人の有する能力を伸ばしつつ社会において自立的に生きる基礎を培い，また，国家および社会の形成者として必要とされる基本的な資質を養うことを目的として行われるものとする」。
> 　中学校を卒業したら社会で自立できる力や社会をつくっていく資質が身に付いていなければならないのです。3年はその仕上げをする年ですから，とても重要です。

　3年では社会科で公民的分野の学習をするので，このように法律の話題を出すのも1つの手です。

> 　先生の経験では，これまでのような学級生活ができる最後の年でもあります。多くの人が高校に進学すると思いますが，高校ではこうした学級生活ではありません。例えば，学級目標をみんなで決めて，学級をみんなの手でつくっていこうということはあまりないかもしれません。

　3年の重要性を学級づくりの面から伝えます。就職する生徒にとっては，文字通り最後の学級生活です。

> 　さて，縁あって君たちの担任になりました。とても大切な1年間を，君たちと過ごすことができることを心の底から喜んでいます。君たち自身の手で，最高の学級をつくり上げてほしいと思います。私は精いっぱいそのお手伝いをします。

　担任の思いは，それまでの話し方とリズムを変えて伝えましょう。多くのことを話さなくても，担任の強い気持ちを伝えようとする表情とリズムだけで，心の中で「よし！」と思う生徒が必ずいます。

2 始業式

決意のほどを一文字で表そう！

1 自分の進路を切り拓いていく覚悟

　学校，学級，部活動などの集団の場での意識を高めることはもちろん重要ですが，個人としての自分のあり方についても，年度当初にしっかりと考えさせたいところです。
　1年後に新しい環境ですばらしいスタートをきっている自分の姿をイメージさせ，学習意欲を喚起しましょう。

2 決意のほどを一文字で表す

　しかし，だれでもスタート時はやる気があるものですが，どうしてもその気持ちは薄れていくものです。
　そこで，年度当初の意欲を忘れないようにするために，今の自分のやる気や意気込みを紙に書かせます。文章で書かせるという方法もありますが，例えば，右ページ下の写真のように，決意のほどを一文字で表させるという手もあります。どの文字を選ぶかを考える過程は，自分自身と向き合うことそのものです。
　担任は，どのような文字を選んだのか，文字の大きさは適当かなどを下書きの段階で点検しましょう。自己肯定感の低い生徒ほど小さくて薄い文字で書いてしまう傾向があります。名前も含め，文字は大きく，力強く書かせたいものです。
　でき上がった作品は力のある教室掲示物になり，学級にゆるみが生じた際に初心に戻ることを手助けしてくれるアイテムにもなります。

2 始業式
明るく，楽しく，の願いを学級目標に込めて

1 「働く」こと

　3年の始業式の日に話したいことはいろいろありますが，生徒の将来と密接にかかわる「働く」ことの意義について考えてみるのもよいでしょう。

　「働く」という漢字は，人偏に動くと書きます。「人が動いて」働くになるわけです。何か仕事をする際は，体を動かしたり頭を使ったりします。仕事を分担されたのに，何もしない，動かないのでは，働いたことになりません。

　また，「働く」を「傍（はた）楽（らく）」と書き換えてみます。自分が動いて仕事をすることで，周り（傍）の人が楽になるのです。係活動や当番活動にきちんと取り組むことで学級の仲間を楽にするだけでなく，仲間のおかげで自分も楽をできているわけです。

2 明るく，楽しく1年を過ごせるような学級目標を

　3年生になると，それぞれの進路に向けて意識も高まり，生徒は自然と緊張感をもって学校生活を過ごすようになります。

　しかし，中学校生活最後の学級なのですから，共に明るく，楽しく過ごす，という気持ちのゆとりもほしいものです。そういった願いを学級目標に込めてみてはどうでしょうか。

　例えば，右ページ上の写真の学級目標は「Rising Sun」です。朝日のように，すべてを照らすような明るさをもった学級にしたいという願いが込められています。

「明るい学級にしたい！」という願いを学級目標に込めて

仲間とともに楽しい思い出をたくさんつくろう！

3 アンケート 学級組織づくり

トークのネタ 学級の組織づくりを行う場面で

1 話し始める前に

　同じように新年度のスタートを切っても，月を追うごとにまとまっていく学級と，逆にバラバラになっていく学級があります。このような違いが生じる主な原因は学級の組織づくりにあります。

　学級の組織がしっかり機能していると，仮に学級内に望ましくない行為が生じても，生徒同士で声をかけて自浄できるのです。一方，名ばかりの学級組織だと，担任が声をかけたり注意したりすることが多くなります。生徒にとっては徐々に口うるさい担任という印象が強くなり，学級の自主・自律にはプラスに働きません。

　3年であれば，特に生徒の自主・自律を重んじるべきです。もちろん，担任が関与しないということではありません。組織の様子をよく観察し，的を射た評価やアドバイスをすることを忘れてはいけません。

2 話の献立

- **学級組織への期待**（担任が考える3年生らしい学級像を伝え，そのためにどのような組織であればよいかなどの思いを伝える）
- **学級組織が果たす役割**（学級組織が崩れていると，学級生活そのものが円滑に進まないことを押さえる）
- **年度前半に行われる学校・学級行事**（学校生活のイメージをもたせる）

トーク 学級の組織づくりを行う場面で

　おそらくこの1年間，「君たちは3年生なのだから…」という言葉を頻繁に聞くことでしょう。それは宿命というものです。あきらめてください。さて，宿命の1つ，学級組織ですが，君たちは3年生なのだから，組織の内容も決め方も君たちに任せたいと思います。

　3年生となれば，学級組織を自らつくっていくのは当たり前のことだと伝えましょう。

　「任せました」と言っても，君たちも困るでしょうから，司会者だけは決めましょう。これまでこうした経験を何度もしている〇〇さんにお願いしますね。突然のことで，これからお願いしますというのはあまりにも大変な話なので，明日の時間からお願いします。

　生徒には過去2年間の経験があるので，司会者（リーダー）を指名すれば，時間はかかっても，それなりに話し合いは進みます。大切なことは，この後の話です。

　先生が中学生のときを思い出してみると，実は大変な学級でした。特に3年生のときが大変な学級だったのです。係や当番活動は決められてはいたのですが，先生が勝手に決めていました。はじめは仕方ないと思っていたのですが，やる気は起こりません。ときどき先生が爆発して，「ちゃんと係や当番活動をしなさい」って言うのですけど，「先生が勝手に決めたのに…」という気持ちだったのです。
　先生も，君たちに任せきりにしたり，〇〇さんに責任を負わせようなんて気持ちはありません。でも，君たちにとって最初で最後の中学3年です。君たちが考え，君たちが決めた方が，学級への愛着は高まると思うのです。

　なぜ任せるのかという理由をしっかり伝えることが大切です。また，話し合いの状況をよく観察して，ここぞというところでの価値づけを忘れてはいけません。

　今の意見はいいねえ！　意見をまとめようとする建設的な意見ですね。

　このように短い言葉で評価しながら，生徒にかかわっていくのです。

3 アンケート 学級組織づくり

生徒の手でつくる係活動

1 学級のことは生徒が一番知っている

　3年生ともなると，1，2年時の経験から，どのような人物が学級役員にふさわしいのか，どのような係が学級に必要なのか，といったことをよく知っています。ですから，学級の組織づくりも，思いきって生徒に任せたいものです。

2 係を決める手順

　まず始業式の日に，どのような係が必要なのか，右ページ上のような事前アンケートをとっておき，それに基づいて学級会で係を決めていきます。このような手順を踏むことで，教師が指定して決めるよりも，よりよい学級にしようと真剣に考えながら係を決めていくことができます。係の分担を決めるときも，どんな人がそれぞれの係にふさわしいのかを考えさせながら決めていきます。

　分担が決まったら，係ごとに目標を考え，係の掲示物を作成します。この掲示物作成も，教師が準備するのは材料（台紙など）のみで，どのようなものをつくるのかはそれぞれの係に委ねます。できたばかりの係が互いに刺激し合い，右ページ下の写真のように工夫を凝らした掲示物をつくっていきます。

　これらの掲示物は，背面黒板の上に掲示しておくことで，常に仕事の内容や発足当初の意気込みを意識させることができます。

係活動の事前アンケート

最後までクラス全員が笑顔でいられるように…

5. このクラスに必要だと思う係を考えてください。

係の名前	仕事内容
配達係	返ってきたノートやプリントを配達する。
教科係	各教科で、次の持ち物とかを聞いてくる。
Box係	朝・昼放課・帰りにBoxにプリントなどをとりに行く。
課題点検係	毎朝2Pの提出チェックをする。
整頓係	帰りに机の整頓をしていく。
連絡係	次の日の時間割を黒板に書く。
給食係	給食を配る。

6. 先生に自分をアピールしてください。

生徒が作成した係の掲示物

3 学級組織づくり アンケート

「リーダーとは何か」について考えよう

1 組織が機能するかどうかはリーダー次第

　学級の組織が機能するかどうかは，リーダーの力量にかかっているというのはだれもが認めるところです。しかし，確固たるリーダー像をもっている生徒はそう多くありません。
　そこで，右ページのようなプリントを配付し，「リーダーとは何か」について考えさせていきます。

2 リーダーって何？

❶行動力がある
　「『やる気がある』というのは，担任に指示をされてから動くのではなく，自ら問題を察知し，自ら動いている姿からわかります」と説明します。
❷知的である
　「『セルフ・コントロール』とは，いつも冷静に考え，判断できる力です。自分の思いが伝わらなくても，感情的にならず，きちんと思いを届けようとする姿からわかります」と説明します。
❸実務能力が優れている
　「『計画性がある』というのは，例えば，体育大会の学級応援を決めるときに，練習日程を基に，『ここまでにこれだけは決めよう』などと，ゴールを意識して物事を進めようとする姿からわかります」と説明します。
　生徒に考えさせる際に，上のように，それぞれの項目でキーとなることについて具体的な例をあげて補足説明するとよいでしょう。

「リーダーとは何か」について考えさせるプリント

「リーダー」って何？
優れたリーダーとは…

～最高学年としての自覚をもったリーダーを目指して！～

1. 行動力がある。
   - 「**やる気**」がある。
   - 自信と勇気をもち，人の先頭に立って行動できる。
   - バカにもなれる。

2. 知的である。
   - **セルフ・コントロール**の能力をもっている。
   - 集団の分析ができる。集団を向上させるために適切な仕事をさせることができる。
   - 先を見通し，「今，何をやるべきか」がわかる。

3. 実務能力が優れている。
   - 強固な決断力をもち，正確な指示，連絡ができる。
   - **計画性**をもち，仕事が正確で早い。

4. 優しく，強い。
   - 思いやりと理解をもち，みんなの身になって考えることができる。
   - 「一人ぼっち」をつくらない。
   - 強い**正義感**をもっている。
   - 失敗は大きな心で受け止め，次へのアドバイスをできる。
   - 周りの**雰囲気に流されない**強い意志をもつ。
   - 多くの立場の意見を理解するように努める。
   - クラスや学年・学校のために行動できる。

5. 向上心がある。
   - **謙虚**で、勉強家、努力家である。
   - 優れた人間になるために自分を磨いている。

リーダーとして押さえておきたいこと
- 日程や計画を事前にしっかりと立てて指揮をしていくこと。
- みんなの声を十分に聞いて運営していくこと。
- 物の管理に十分に目を配ること。
- 必ずもめ事が起こってくることを想定し，十分に考えておくこと。

顧問や担任の先生と十分に連絡をとって計画的な準備をしていくことも大切です。その場主義のやり方では，まとまりは生まれてこないのです。

4 健康診断・身体測定

トークのネタ 健康診断・身体測定の前に

1 話し始める前に

　３年生ともなると大人の世界のことは十分理解できるので，健康診断の際に，教職員の健康診断も法律で定められていることに触れてもよいでしょう。教職員の健康診断の検査の項目は中学生より多いことを伝えた後，下の診断項目の中で，自分たちの方にはないのはどれかを問い，関心を高めます。

- ●身長，体重及び腹囲　　●視力及び聴力　　●結核
- ●血圧　　●尿　　●胃の疾病及び異常
- ●貧血検査　　●肝機能検査　　●血中脂質検査
- ●血糖検査　　●心電図検査　　●その他の疾病及び異常

　社会に出ると，このように多くの項目の診断を受けることを伝えます。健康でなくては働くことができないことを押さえ，もし今回の診断結果で思わしくないところがあったら，早期に医者に診てもらう必要があることもしっかり認識させましょう。

2 話の献立

- ■健康診断・身体測定をなぜするのか（理由・意義を伝える）
- ■健康診断・身体測定の注意点（他人と比較するのではなく，昨年の自分と比較するのが大切であることを伝える）
- ■社会人の健康診断（働くうえで健康は第一であることを認識させる）

> **トーク** 健康診断・身体測定の前に

> 　来週は，健康診断や身体測定を行います。授業中に順次診断や測定を受けることになりますが，これまでのようにテキパキと動いてください。昨年も何人ものお医者さんからほめられました。「静かに待っていることができるし，場をわきまえたあいさつができますね」と。ところで"場をわきまえたあいさつ"という意味はわかりますか？

　これまでに健康診断や身体測定前には，移動するときの留意点，診察をしていただく方への礼節などについて，生徒はくどいくらいに話を聞いています。ですから，問いにして生徒自らに確認させるとよいでしょう。

> 　そうなのです。お医者さんが目の前に座っておられるのに，必要以上に大きな声で「お願いします！」というのはおかしいのです。自分と相手の置かれた場を考えて声の大きさを調整することも，場をわきまえたあいさつですね。

　大きな声ではっきり言うのがすばらしいあいさつだと思い込んでいる生徒がいます。3年生になれば，その場に応じたあいさつはできて当然なので，事前に話しておきましょう。

> 　ところで遠い将来，君たちも社会に出て働くことになりますが，健康であることが働く第一条件であると言っても過言ではありません。先生たちも法律によって健康診断を受けることが決められています。生徒の前に立つ教師が病気であってはいけませんから。どの職業についても職場で健康診断が求められます。

　健康診断の受診は，社会人として当然であることを知らせましょう。

> 　養護の先生が，健康診断の後にいつも困られることがあります。予想できますか？　そうです。医者に行って詳しく調べてくださいと言っても行かない人がいることです。

　多くの学校で，健康診断の結果，受診勧告をしても医者に行く率が低いことが問題になっています。保護者の意識は大きいのですが，生徒自身が問題にしないこともあります。健康診断の機会に注意しておきましょう。

4 健康診断・身体測定

1日の基本スケジュール表をつくろう

1 受験時こそ，規則正しい生活

　3年生の生徒が受験を乗り切るには，まず何よりも健康でなければいけません。規則正しい生活をすることで疲れをとり，病気にかかりにくい体をつくる必要があります。健康診断は，自分の健康に目を向ける場でもあります。健康診断の空き時間を利用して，受験の話題を交えながら，健康について学級で指導するとよいでしょう。

2 1日の基本スケジュール表をつくろう

　睡眠時間を十分に確保するためには，起きている時間の基本スケジュールをきちんと定めることが重要です。そこで，健康診断の機会に平日・休日・塾（習い事）がある日などに分けて，1日の基本スケジュール表をつくらせます。
　スケジュール表を縦に並べておくことで，睡眠時間が十分確保できていない日がないか，といったことがひと目でわかります。

3 健康関連の掲示物で啓発を

　スケジュールを立てても，友だちとのスマートフォンでのやりとりなどで夜更かしをしてしまう生徒は少なくありません。こういった現状を踏まえて，日常から生徒が睡眠の重要性を意識できるように，教室にも健康関連の掲示を行うことをおすすめします。厚生労働省の「健康づくりのための睡眠指針（睡眠12箇条）」などは端的で生徒にもわかりやすいものです。

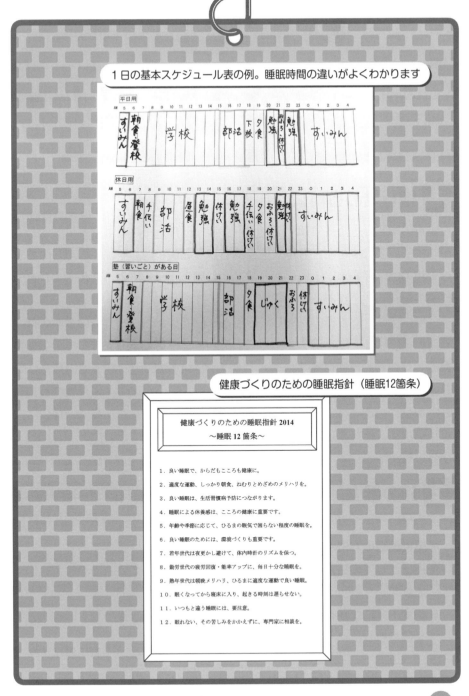

5 給食

トークのネタ はじめての給食の前に

1 話し始める前に

　給食の配膳ルール，食事中のマナー，片づけルールなどは簡単に説明しておきます。これまで１，２年で何百回も給食を繰り返しているので，今さらルールの話は必要ないと思いがちです。しかし，学級によってルールが微妙に違っていることがあるので要注意です。

　３年生には，給食費の話もしてみるとよいでしょう。給食費の徴収の仕方は自治体によって様々ですが，どこの自治体も実費をそのまま１食分の給食費としているわけではありません。例えば，１食250円となっていても，それはあくまでも材料にかかる費用が設定されているだけで，人件費や設備費は含まれていません。保護者の中にも，こうした認識をもたない方が少なからずいます。それとなく家庭でも話題にするよう生徒に伝えた方がよいことかもしれません。

2 話の献立

- 給食配膳の方法と当番の動き方（ルールをしっかり確認する）
- 担任としての給食の考え方（食べ残しやおかわりについての考えを伝えます）
- 給食１食にかかる費用（給食費の他に多くの費用が使われていることを伝える）

トーク　はじめての給食の前に

　明日は，今年度初の給食があります。君たちにとっては，給食を食べることができるのもあと1年です。卒業生からよく聞きますよ。もう一度給食を食べたいと。高校は弁当持参か，学校でランチやパンを購入することになりますからね。

　3年生は，いろいろなことが最後になりますが，給食もそうであることを伝えておきましょう。

　ある卒業生が言いました。「270円で温かくておいしいお昼ごはんを食べられるなんて，すごいことだと気付いた。高校に行ってはじめて給食のありがたみがわかった」と。ところで，給食は1食270円とされています。本当に270円だと思う人は〇，違うと思う人は×を指で書いてごらん。

　〇×は，野口芳宏先生が授業中によく使う手法です。話に集中させたり，自分の考えをはっきりさせたりするのに，とてもよい方法です。

　〇と×に分かれましたね。正解は×です。270円というのは材料費です。その他に必要なお金は，税金から出ているのです。おうちの方も，もしかすると1食270円で給食がつくられていると思っておられる方がいるかもしれないので，家で一度話題にしてみてください。ところで，その他，どのようなことにお金がかかっているかわかりますか？

　給食について，少し踏み込んで考えさせる話題です。

　そうですね。給食をつくる人たちの人件費，給食を調理するためのガス代や水道代，調理するための設備代，給食を運搬するための輸送費など，他にも膨大なお金がかかっているのです。

　このように，費用面からも給食のありがたみを知らせておきましょう。

　ところで，給食の配膳ルールですが，今から読み上げますので，この通りにやりましょう。2年のときは，学級によって少し違っていたようですが，まずは学校全体で決められたルールを守りたいと思います。

　このように，担任ははっきり言いきることが大切です。

5 給食

今日はレディースデー！

1 人気メニューは女子生徒のおかわり優先日とする

　生徒に人気あるメニューの日のおかわりは，女子を優先させます。普段，男子に押され気味の女子も，この日は満面の笑顔になります。
　男子にはうらやましい気持ちと同時に，女子を理解する気持ちや他者に譲る態度も生まれます。

2 さらに笑顔が生まれる瞬間

　担任が，挙手した生徒の席まで行ってテーブルサービスをします。サービスするときの担任のひと言は，生徒の心の栄養となり，さらに笑顔が大きくなります。
　女生徒が消極的な学級で特に効果があります。

3 女子生徒の食べる意欲を高める

　学年が上がると体型を気にして，間違ったダイエットをする女子生徒が見られるようになります。担任がサービスしながら「効果的なダイエットで大切なことは，食べる量ではなく，食べ方である」ことを話し，昼の食事が午後の授業と部活動の活力源であることを理解させます。
　ダイエット自体を頭ごなしに否定しまいがちですが，そうではなく，女子生徒の気持ちに理解を示しながら食への関心を高める，ちょっとした心配りです。

5 給食

牛乳で乾杯！

1 誕生日を掲示する

　月のはじめの日，背面黒板にその月の誕生日の生徒の名前を書いておきます。そして，それぞれの生徒の誕生日の給食の時間に，牛乳で乾杯をします。誕生日を迎える生徒は，給食時間を楽しみにしています。

2 牛乳で乾杯！

　給食の準備ができたら，担任の「今日は○○さんの誕生日！」の合図のもと，全員で「お誕生日おめでとう！　乾杯！」と牛乳で誕生日の生徒を祝います。それから「いただきます」をして食事を進めます。グループでは何回も祝う姿が見られます。こうすることで，誕生日を迎える生徒は祝ってもらう価値ある自分に気付き，学級の一員であるという自覚とともに自己肯定感が高まります。給食実施日に誕生日が合わない場合（休日や試験日で給食がない日）は，前後の日に行います。

3 特別な日の乾杯

　クラス全員が学校行事でがんばったときにも乾杯します。学級の仲間であることや，相互理解の輪づくりにつながります。また，クラスメイトが功績をあげたときにも乾杯します。全員で達成感を共有したり，がんばった生徒に対して敬意の気持ちを表すのです。このことは，自分もがんばろうという意欲につながっていきます。

背面黒板に書かれた「今月の誕生日」

誕生日を祝して，牛乳で乾杯！

5 給食

担任からのおかわりサービス

1 おかわりサービス

　曜日や日にちを決めて，担任が食缶に入ったおかずのおかわりサービスをします。おかわりを盛りつけるとき，必ずひと言生徒に声かけをします。こうすることで，午前中曇りがちだった生徒にも，一瞬で明るい表情が戻ってきます。食事を介した会話から，普段聞けなかった生徒の声を聞くことができます。3年生は進路にかかわる不安や悩みも増えてきます。生徒の気持ちの変化に気付くきっかけになります。

2 ほめる機会とする

　市内大会で記録を伸ばした生徒や公募作品で受賞した生徒，ボランティア活動でがんばった生徒等には，その都度称賛の声かけをしながら盛りつけます。
　「○○をがんばったね。先生はうれしいよ！」といったメッセージを送ることで，生徒にも「また，がんばろう」と次なる目標が生まれ，意欲が高まります。

3 おかわりは生徒の異変に気付く機会

　いつもおかわりをしていた生徒が急におかわりをしなくなったり，残したりするときがあります。それは，生徒の異変の1つのシグナルです。注意深く見守って，給食後それとなく「今日は，食欲がなかったようだけどどうかしたの？」と声をかけてみましょう。

6 最初の定期テスト

トークのネタ 最初の定期テストの前に

1 話し始める前に

過去2年間の定期テストへの取り組みを振り返らせます。例えば，「自分なりに懸命に努力したという人は，指で○，そうでない人は×を示しなさい」と動作化させてもよいでしょう。そのうえで，過去は過去で，これからのがんばりで大きく成績が変化することを伝えましょう。「○の人はさらにもう1年，×の人は別人になりましょう」と呼びかけます。

この時期になると，家庭でも勉強の話題が多くなります。わかっていることを何度も聞くと意欲が下がる生徒もいます。学校ではくどくならないように，成績が上がった取り組みを紹介したり，個別にひと言かけたりするとよいでしょう。また，テスト自体は個人の取り組みですが，テストに向かうよい雰囲気がある学級は，全員が伸びていくことを伝えるとよいでしょう。

2 話の献立

- **年間の定期テストスケジュール**（年間予定を知らせ，見通しをもたせる。3年生特有の実力テスト等も知らせる）
- **これからの1年の大切さ**（過去のことを悔やんでも仕方がないこと，この1年が勝負であることを伝える）
- **学級全体で臨む定期テスト**（学級全体でテストへ真剣に向かっていこうとするよい雰囲気をつくることが大切であると伝える）

トーク 最初の定期テストの前に

> さて，あと1か月ほどで定期テストを迎えます。3年生としてはじめての定期テストです。

3年生になると，進路のことを考え，定期テストへの意識もこれまでの2年間とは異なっている生徒が多いものです。1か月ほど前にテストに向かう心構えを話しても，しっかりと受け止められるはずです。

> ここに本があります。『学年ビリのギャルが1年で偏差値を40上げて慶應大学に現役合格した話』（坪田信貴著，KADOKAWA）という，高校2年生の女の子の話です。

成績が上がった具体例を示すと，刺激を受ける生徒も多いことでしょう。

> この女の子は，高校2年生のときに偏差値は30だったのです。1年間で40も上げて難関大学へ受かったのですから，話題となっているのです。先生は，この子がなぜこんなにも成績が上がったのかこの本を丹念に読んでみました。そして，その理由がわかったのです。

ポイントとなるところは話の流れの中で伝えず，このように引き立つように展開するとよいでしょう。

> それは，己を知ったからです。「無知の知」という言葉がありますが，己の至らなさを知ることから成長は始まるのですよ。この子はあるときに痛烈に思うのです。このままではいけないと。

このように，自然に今の自分を振り返る話題を提供するのも効果的です。

> そして，この子が成績を伸ばすことにつながったと思う性格があるのです。それは素直であるということです。わからないことを恥ずかしがらずにわからないと言えるのです。教えてくださいと言えるのです。このことは簡単にできそうですが，実はなかなかできることではありません。人間だれしもプライドがありますからね。

伸びる教師の大切な条件としても「素直であること」が言われます。素直に自分を見つめ，素直に助言を受け取る大切さを伝えましょう。

6 最初の定期テスト

マイライフプランをつくろう！

1 自分自身と向き合うマイライフプランづくり

　「勉強しなければならないことはわかっている。でもやる気が…」とつぶやく3年生。この時期は，部活動や修学旅行など並行して行うことも多く，なかなか学習への気持ちを高めることができない生徒もいます。

　そこでおすすめなのが，マイライフプランづくりです。生徒たちに小学校入学から現在までを振り返らせ，さらに未来のライフプランを作成させるのです。楽しみながら作成できる雰囲気をつくることが大切です。

2 グループで不安や悩みを分かち合おう

　作成したライフプランを用いて，以下のような活動を行います。

❶友だちのライフプランを読む。付箋にその感想を書き，プリントの横面に貼る。時間になるまで同じ活動を繰り返す。
❷4人1組の小グループになり，友だちに自分の言葉でライフプランの感想を伝える。また，「進路への不安や悩み」「ライフプラン作成後の気持ち」など，テーマを決めて話し合いを行う。
❸再び自分と向き合う時間をつくり，振り返りを記入する。

　この活動を通して生徒は，自分以外のみんなも不安を抱えていることや，どんなふうに過ごしても1年後はやってくる，など，様々なことに気が付きます。

マイライフプラン作成用プリントの一部

6歳	小牧　　　小学校入学
4年生	○習字で入選し、賞をもらう。
6年生	○修学旅行で京都に行く。金閣寺の美しさにびっくり。
13歳	小牧市立小牧中学校入学
1年生	○スキー、スノーセレモニーで雪の中、みんなでコーラスをする。
2年生	○応援で優勝。フレンドシップデーで、みんなでカレー作り。
3年生	○夏の大会で優勝する。希望校に合格する。
15歳	高校入学・就職
1年生	○初めて彼氏ができる。夏休みにバイトをする。
3年生	○デザイン関係の大学に合格する。
18歳	高校卒業　大学生活スタート。一人暮らしもスタート。

6　最初の定期テスト

マイライフプラン（A3）の横面には，付箋を貼り，振り返りを書くスペースをつくります

マイライフプラン
作成スペース

付箋を貼るスペース

感想
感想
感想

振り返り

2章　中学3年の学級づくり　365日の仕事術＆アイデア

7 部活動

トークのネタ 部活動が本格始動する前に

1 話し始める前に

　遅くとも10月末ごろには3年生が部活動を引退する学校がほとんどでしょう。そのため，3年生の活動期間は長くても約半年です。残り時間を考え，まさに1日1日を大切にしなければならないことをしっかり伝えましょう。

　運動部も文化部も大きな大会や出演が引退時期にあるはずです。部活動の柱は3年生です。たとえレギュラーでなくても，そうした大会を迎えられるのはとても立派なことです。3年生には，だれもが堂々としたふるまいをしてほしいとの願いも伝えましょう。

　3年生は，伝統を受け継ぎ，その伝統を申し送る重要な役目を担っていることを担任からも話すべきです。部活動のことは部活動顧問だけが関知していればよい，という認識ではいけません。

2 話の献立

- **残り少ない部活動にかかわることができる時間**（引退する時期までの時間を意識させる）
- **部活動の伝統を受け継ぎ，渡す役目**（3年生としての部活動でのふるまいについて考えさせる）
- **半年間で目指す部活動における己の姿**（個人や部活動の目標を考えさせ，意気込みを高める）

トーク　部活動が本格始動する前に

> 3年生になって「部活動もあと1年」と思っている人はいませんか？　引退する時期を考えてみましょう。1年もありませんよね。あなたの部活動は，実質どれほどの期間になるでしょう。考えてみてください。

1日1日大切に取り組もうという意欲を高めるには，このように残り時間を考えさせるとよいでしょう。

> あまりありませんよね。7月の大会で引退する部活動の人は，4月から数えてわずか4か月しかありません。部活動を毎日やっても4か月です。ところが部活動が休みになる日もありますよね。例えば，修学旅行中です。定期テスト日やテスト週間中も休みです。先生たちの会議の関係で部活動が休みになる日も何日かあります。そう考えると，実質60日ほどしかないと言ってもよいのです。

このように，具体的な数値をあげて説明しましょう。深く考えていなかった生徒にも，時間がそれほど残されていないということがよくわかることでしょう。

> 3年生の学級担任として君たちに望んでいることがあるのです。部活動を引っ張っていくのは3年生です。部活動の柱の学年が3年生です。このことを自覚して，堂々とした3年生であってほしいのです。2年間，部活動を継続してきたのですから，仮にレギュラーでなくても，決して怯むことはありません。1，2年生から「さすが先輩」と言われる3年生であってほしいのです。部活動の伝統がありますね。その伝統をだれよりも知っているのはあなたたちです。よい伝統は確実に後輩に伝え，よくない伝統を破棄するのも3年生の役目です。

部活動顧問だけではなく，このように学級担任も部活動におけるふるまいを話しておきたいものです。「チーム学校」という言葉がありますが，教職員は互いに補完し合う関係でありたいものです。部活動において顧問が同様のことを話したときに，生徒が「このことは担任も言っていたな」と思い出すと，心の中により強く残ります。

7 部活動

夏の大会を日めくりカレンダーで盛り上げよう！

1 夏の大会を日めくりカレンダーで盛り上げる

　３年生にとって，夏の大会は入部してから今までの活動の集大成です。その節目を学級でも盛り上げ，これまで部活動に取り組んできた積み重ねを認め，讃え合う雰囲気をつくります。

　そのために，学級全員で日めくりカレンダーをつくります。日めくりは一人１枚ずつ書きます。内容は夏の大会にかける思いや，つらく厳しい練習に手を抜かずに取り組んできた部活動の仲間への感謝の気持ち，クラスの仲間を応援するメッセージです。一人ひとりが作成することと日めくりを教室や廊下の掲示板に貼ることで，全員が共通意識をもつことができます。学年の仲間が書いたメッセージを読むことで他人の思いを理解し，共感することもできます。

2 選手激励会で３年生の覚悟を見せる

　夏の大会前に選手激励会を行う学校が多いと思います。その選手激励会こそが，最後の大会にかける思いを表現し，気持ちを高め，試合やコンクールに臨む覚悟を決める重要な機会です。大会にかける思いをしっかり表現させたいものです。

　代表が言葉を述べる場面だけでなく，校歌や応援歌を歌う場面，「一同礼」をする場面など，ちょっとした行動や態度で大会にかける思いは表すことができるということを伝えましょう。「３年生としての覚悟を見せるからこそ，後輩から心から応援される先輩になれるのです」と強調しておきましょう。

選手激励会で宣誓をする代表生徒

真剣な態度でも大会にかける思いは表すことができます

8 家庭学習

トークのネタ　家庭学習について

1 話し始める前に

　3年生になると，学年で指定した問題集を購入させ取り組ませる学校もあるでしょう。しかし，自分自身が家庭学習内容を考えていないために，どうしても「やらされている」という感覚をもち，意欲的ではない生徒がいることと思います。必要があって問題集を指定しているのですから，生徒には積極的に取り組んでほしいものです。

　したがって，取り組むことの意味をしっかり理解させておく必要があります。学年団で十分に話し合ってその意味を語り，取り組み方も具体的に示す必要があります。

　担任の経験談も有効です。だれしも苦手教科があったり，気持ちが勉強に向かわなかったりすることはあるものです。生徒の気持ちに寄り添うスタンスで，克服するためのアイデアを提示するとよいでしょう。

2 話の献立

- **学年で選定した問題集**（学年の先生が十分検討した問題集であることや取り組むことの意味，取り組み方などを伝える）
- **苦手教科を克服する方法**（担任の経験談などを入れながら話す）
- **3年生として望ましい家庭での学習時間**（「学年＋1」時間，つまり4時間程度はするべきだと伝える）

トーク 家庭学習について

指定した問題集を見せながら話し始めます。

> 3年生は，この問題集を全員購入しました。「自分で買ったものがあるのに」と思っている人もいるでしょう。「先生に決められた問題集は宿題と同じだからやる気が起こらない」という人もいるでしょう。

まずは生徒の気持ちに寄り添います。

> でも，この問題集は先生たちが長年の経験を基に，君たちの学力に照らし合わせて選んだものです。後ろ向きの気持ちの人は，先生たちを信じて，気持ちを新たにして取り組んでください。必ず力が付きます。

このように断言するとよいでしょう。生徒の気持ちを揺らさないことです。

> 問題集でしっかり力を付けるための先生の経験談を話します。先生は，「3回まわり問題集」と自分に言い聞かせていました。1回目はわからないことや覚えていないことを教えてくれる問題集だと思って取り組みました。間違えたことは気にしません。2回目をします。1回目も2回目もできれば，これはもう大丈夫だと思うことにしました。1回目のときから問題番号の横に○，×を付けておきました。つまり○○となれば2回続けて正解したことがわかります。3回目は1回目か2回目に×が付いた問題だけに取り組みました。例えば，×○○，○×○，といった感じになります。2回○がつけば，もうこの問題は大丈夫だと思うことにしました。

こうした具体的な話は，生徒も興味をもって聞きます。

> 3回もできないと思う人がいると思います。しかし，1回目より2回目，2回目より3回目はグンと早くできます。2回○がつかない問題だけに絞ってやっていくことは，あなただけの問題集をつくっているのと同じことなのです。

実際に取り組んだことがない生徒は，回数だけで驚きます。「よし，やってみよう」という気持ちに変化させるには，相当なエネルギーが必要です。同じことを2回，3回とやることで，自分の弱点を意識することができ，効果が大きいことを伝えましょう。

8 家庭学習

「学習」と「勉強」の違いって？

　学級通信や板書などで伝えると効果的な，家庭学習や受験勉強に関する話題の一例です。

1 「学習」と「勉強」

　学習は，「学び」「習う」と書きます。「学び」は「まねぶ」が語源とされ，名人や達人の技をまねることで技術を身に付けてきた様を意味します。また，「習う」もだれかの行いや技を「見習う」ことで身に付けていく様を示します。つまり，自分自身が目標や課題を決め，それに向かって力を付けるのが学習のイメージです。

　勉強は，「勉める（努める）」ことを「強いる」と書きます。つまり，与えられた課題をクリアするために，自分に「勉め（努め）」を「強いる」のが勉強です。志望校に合格できる学力を身に付けるため，自分に「勉め」を「強いる」のが受験勉強です。心構えの強さが求められます。

2 受験勉強のためのワンランク上の努力

　普段の家庭学習が基礎体力を養うランニングとすれば，受験勉強は義務教育のラストスパートにあたります。そのためには，これまでよりもワンランク上の努力が必要です。

　例えば，問題集の問題を解いたノートに，ポイントを自分の言葉で書いている生徒がいた場合などに，その実物を生徒に紹介し，学級で共有していくことは効果的です。

「学習」と「勉強」の違い

「学習」＝「学び」「習う」

　　　　「学び」＝「まねる」
　　　　「習う」＝「見習う」＝「見てまなぶ」

「勉強」＝「勉める（努める）」ことを「強いる」

　　　　「受験勉強」＝「受験」
　　　　　自分の夢の実現のために，努力を重ねること

8 家庭学習

工夫されたノートの実物紹介は効果的です

8 家庭学習

質にこだわる家庭学習

1 入試に向けた取り組み

　３年生になると，どの生徒も入試を意識し，少なからず不安になります。不安を少しでも解消するためには，やはり日々の積み重ねが大切です。例えば，家庭学習用のプリントの中などで，早めにコツコツと入試問題に取り組ませてみるのも１つの手です。「３月を迎える前には，みんなはこんな問題を解く力を付けていなければいけません。今はまだ習っていない単元もあるので，できない問題もあると思いますが，いつまでもできないとは言っていられません。確実にやって来る入試の日に向けて，今日から少しずつ，力になる学習を続けていきましょう」と励ましながら，意識を高めたいものです。

2 ３行で学習の振り返り

　学習習慣の定着のために重要なのが，学習の振り返りや記録です。入試で筆記試験だけでなく，面接試験が課せられる学校もあります。面接試験では，志望動機など自分の伝えたいことを端的に伝える力が求められます。そういった力を伸ばすのに，自分の学習の記録（振り返り）を，短い言葉で継続的につけていくのは効果的です。

　また，「今日は何も書くことがない」「いろいろあった」といった振り返りは表現力不足です。その日の授業で気付いたことや家庭学習で思ったことなどを３行程度にまとめさせるとよいでしょう。このように，学習の振り返りを継続的に書かせていくと，教師も生徒の伸びや悩みなどの変化に気付きやすくなります。

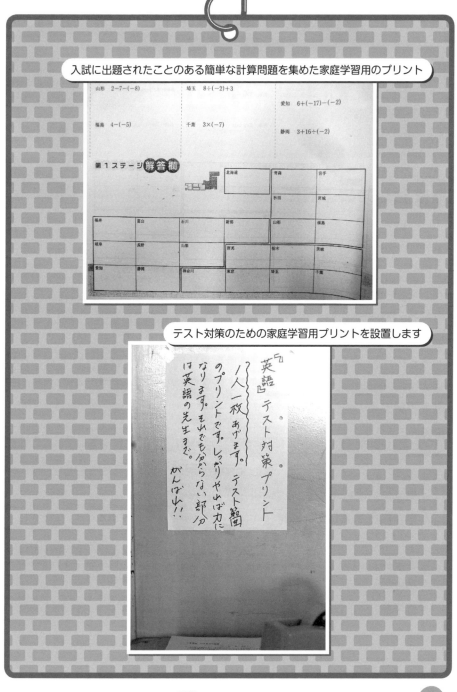

9 修学旅行

トークのネタ 修学旅行の前に

1 話し始める前に

　生徒にとって，修学旅行は３年間の中学校生活の中でも特に印象に残る行事です。卒業文集のテーマで取り上げられるのが多いことからもわかります。

　担任として修学旅行前に伝えておくべきことはたくさんあります。安全・安心にかかわる注意点や学年共通の規則などは，学年主任や担当者から伝えられるので，修学旅行を通して学級がどのように変容してほしいのかなど，担任だからこそ言えることに絞り込んで話をしましょう。

　多くの学校では，修学旅行実行委員会を組織して，生徒が主体となった修学旅行体制を組みます。実行委員会と学級のつなぎ役として，実行委員の活動を称賛するのも担任の仕事です。

2 話の献立

- **修学旅行を行う意味**（修学旅行の目的や意義について知らせる）
- **修学旅行を通しての期待**（修学旅行という大きな行事を通して期待している学級の成長を具体的に伝える）
- **修学旅行のスケジュール確認**（前日，後日も含めた修学旅行日程を確認する）
- **修学旅行へ出かけられることへの感謝**（修学旅行へ出かけられるのは当たり前のことではないことを伝える）

トーク 修学旅行の前に

> 「3年生になっての楽しみは何ですか？」と聞くと，多くの人が修学旅行と答えてくれました。あと2週間で当日を迎えます。担任として，修学旅行を通して，この学級がどのようになってほしいと願っているかを話したいと思います。

修学旅行については，日程説明，班決めなど，何度となく話をする機会があるはずですから，上記のようにそのときのテーマをはっきり伝えて話し始めるとよいでしょう。

> 先生が願っているのは，だれもが楽しい修学旅行であってほしいということです。ある特定の人だけが楽しい旅行であってはいけないのです。そのためには，今より学級が成長することが必要だと思っています。4月からの君たちを見ていると，時として自分のことを優先し，発言したり，行動したりすることがあります。その都度注意をしてきましたが，旅行中の3日間は，そうした注意をしなくてもよいように成長してほしいのです。

修学旅行の目的の1つには，集団で過ごす場合の個人のあり方を学ばせることがあります。このことは旅行に限らず，日常の学校でも教育の目的としていることです。「日常と離れたときに行動できてこそ本物です」などと伝えてもよいでしょう。

> そのためには，相手の気持ちになって考えることを忘れないことです。修学旅行実行委員は，随分，前から会議を開き，多くのことを君たちに伝えてきました。耳をしっかり傾けていますか？　話し手の気持ちになってみてください。だれもがしっかり聞いていてくれると本当にうれしいはずです。

実行委員のがんばりを伝えながら，相手の立場になって考えることの大切さを話します。

> おうちの方への感謝も忘れてはいけません。出かけることができる喜びを知ってほしいと思います。

旅行前に保護者に感謝の言葉を伝えること，旅行後は「楽しかったよ」と帰ってくることが一番のお土産であることを伝えておきましょう。

9 修学旅行

修学旅行の組織づくり①

1 主体的な修学旅行にするために

　修学旅行は中学校生活の中で生徒が最も楽しみにしている行事の１つです。義務教育最後の宿泊行事ですから，生徒にとって実りあるものでなければなりません。また，生徒の成長の場でなければならないわけですが，そこで重要になるのが生徒の主体性です。そういったことを踏まえて，修学旅行の実行委員会を立ち上げます。

2 生徒の得意分野を生かす実行委員会

　例えば，３年の１学期に修学旅行に出かけるのであれば，２年の10月ごろから実行委員を募集します。具体的に何をするのかは，実行委員が決定してから決めます。生徒の中には，イラストをかくことが得意な生徒もいれば，部活動を通して，ルールやマナーに詳しい生徒もいます。どんな係が必要で，どんなことを行っていけばよいのかを生徒自身に考えさせていきます。

3 メンバーズカードの発行

　実行委員に立候補する際には，自分が委員として何をしたいかということと，修学旅行を通して自分や学年がどのように成長できればよいと思うのかを文章にさせます。
　また，実行委員になった生徒には，右ページ下の写真のようなメンバーズカードを配付し，生徒手帳などに挟んで携帯させます。実行委員としての自覚を高める手段の１つです。

修学旅行実行委員募集の掲示用プリント

2014 修学旅行実行委員募集

中学校の行事で最大といっても過言ではない、修学旅行を最高のものにするために、自分の力を尽くしてみませんか？

★実行委員の仕事内容の例★

〈集会部〉　集会の企画・運営
〈生活部〉　修学旅行のルール作り
　　　　　修学旅行に向けた学校生活の向上を目指す活動
〈しおり部〉　しおりの表紙絵の募集や、しおりの作成
〈新聞部〉　修学旅行に向けた活動内容の報告や東京の名所などを新聞にする　など

この他にも、自分の特技を生かして修学旅行を盛り上げていこう！！

実行委員の申し込み用紙とメンバーズカード

2014修学旅行実行委員　申し込み用紙

私は　　　　　部へ申し込みをします。

組　番　氏名

【実行委員を行いたい理由】

修学旅行実行委員会　メンバーズカード　委員NO.1

私、○○○○（名前）は実行委員会の一員として、修学旅行を成功させるために、努力を惜しみません！

2章　中学3年の学級づくり　365日の仕事術＆アイデア

9 修学旅行

修学旅行の組織づくり②

1 修学旅行の組織づくり

　修学旅行における組織づくりは非常に大切です。これは学級だけでなく，学年教員間でよく話し合い，共通理解しておくべきことです。例えば，右ページ上のように，実行委員会の下に係長会を置くという組織が考えられます。また班の構成は，例えば，班長（1名），学習係（男女各1名），庶務係（1or2名），保健美化係（男女各1名）のような人員配置が考えられます。

　実行委員は各学級2名を選出し，修学旅行のテーマ立案や約束事など，修学旅行全体にかかわる仕事を担わせます。班長は班員への指示，集合・点呼など，学習係は班別研修の計画づくりを主として活動させます。庶務係は班名簿や部屋割りの作成，保健美化係は健康観察，ホテルでの食事・入浴・部屋などのマナーづくりなどを担当します。

　全生徒を必ずどこかの係に所属させ，自らの手で修学旅行をつくっているという意識をもたせることを大切にしましょう。

2 実行委員に活躍の場を

　組織は生かさなければ意味がありません。まずは実行委員を大いに活躍させることを考えましょう。例えば，実行委員にどのような修学旅行にしたいのかを考えさせるとよいでしょう。そして目標を決めさせます。さらに，その目標達成に向けて，何をすべきなのかを具体的に考えさせます。修学旅行前に，実行委員が学年全体に想いを伝える場をつくることもよいでしょう。さらにその想いを，修学旅行のしおりの中にも載せます。

修学旅行における組織の例

実行委員の想いが詰まった修学旅行のしおり

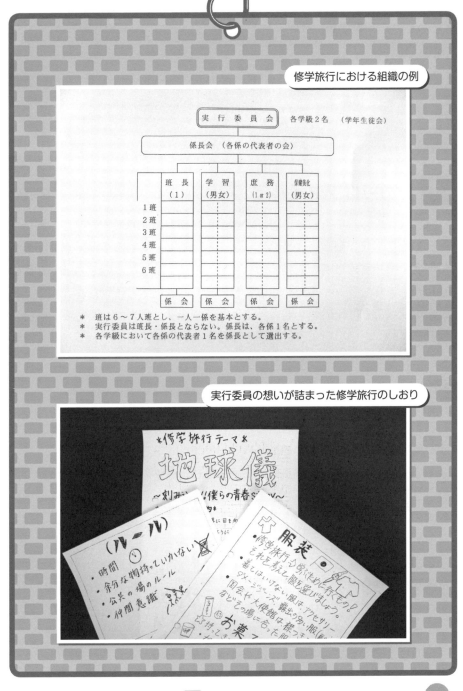

9 修学旅行

修学旅行のしおり活用アイデア

1 しおりはファイルで

　修学旅行のしおりを綴じる際，ファイルを使うと大変便利です。しおりページの追加補充が簡単だからです。ホチキスで綴じてしまうと，追加があった場合その都度綴じ直しを強いられ，せっかくつくった表紙やカバーを痛めてしまいます。ファイルであればこれらの問題は発生しません。

　また，係ごとに紙の色を変えることもできます。例えば，実行委員は白，保健係は緑，といったように区別をすると，知りたい係のページをすぐに開くことができます。

2 しおり学習会

　修学旅行前に，しおりを活用して「しおり学習会」を行うのがおすすめです。目的は２つあります。

　１つめは，各係のしおりすべてに目を通し，修学旅行の詳細をしっかり把握させることです。わからない箇所にチェックを入れたり，自分の係の出番を確認させたりします。わからない箇所については，係の代表に聞いて理解を深めさせます。

　２つめは，各係の責任感を高めることです。各係会で担当の教員から受けた説明を，自分の学級に戻り全員に伝えるように指示します。その際に，しおりを単に読むのではなく，係の目標や心がけてほしいことを自分の言葉で伝えられるように指導します。

　しおり１冊ですが，使い方次第で生徒の成長の場とすることができます。

9 修学旅行

班別研修のスケジュールを立てよう

1 班で行き先を考える

　中学校の修学旅行では，班別研修の行程を生徒に考えさせることが多いでしょう。

　まず，学習係を中心に修学旅行のテーマに沿った研修先を考えさせます。班別研修のワークシートに研修先への行き方，交通機関，所要時間，交通費，昼食の場所などを書き込ませます。班での話し合いには，各班に旅行雑誌を2～3冊，生徒全員に路線図，都内の地図，ホテル周辺の地図などを配付するとよいでしょう。

　また，ハザードマップを配り，万が一に備えて緊急避難先も考えさせることも重要です。研修エリアをいくつかのブロックに分け，自分たちの避難する場所の確認をさせると短時間で避難先を決めることができます。

2 インターネットで研修計画を確認

　学習係には，班員と考えた行程を再確認させる仕事を入れておくとよいでしょう。インターネットを使えば，路線や所要時間を簡単に検索することができます。自分たちの考えた行程が妥当なものかどうかがすぐにわかります。

　そこで得た情報を基に，もう一度班員と再検討させます。時間に余裕があることがわかれば，新たに研修先を増やすこともできます。そうでなければ行程の修正をしなければいけません。自分たちが考えた行程を自分たちで見直し，班別研修を充実させていきます。

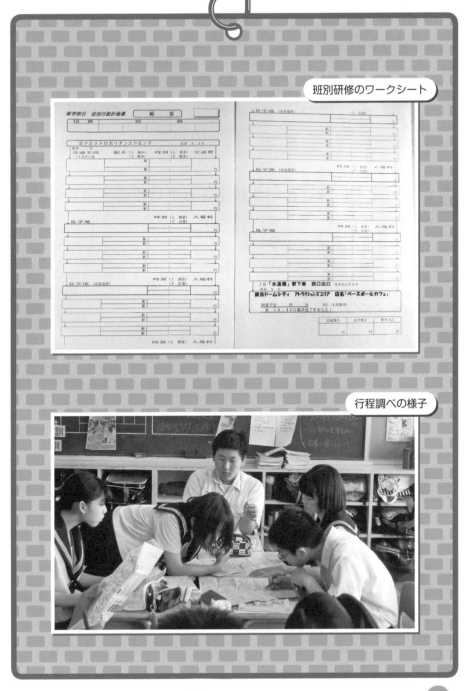

班別研修のワークシート

行程調べの様子

9 修学旅行

修学旅行への意識を
高める掲示物

1 自分たちの旅行という意識をもたせる掲示物づくり

　修学旅行は，まさに"学"問を"修"めるための旅行ですから，ただ単にスケジュール通りに動き，見学してくるだけで終わらせてはいけません。

　例えば，教室や廊下の掲示板に，修学旅行の訪問先や移動手段などを楽しく紹介する掲示物を生徒につくらせてみてはどうでしょうか。見学先やホテルの案内を資料として渡し，参考にしてつくらせると，楽しい掲示物ができ上がってきます。

　また，学級で話し合って決めたマナーや約束事を掲示しておくのもよいでしょう。掲示物を使って，教師が確認したり，生徒同士で確認させたりすることで，決めた事柄を徹底させることができます。

　修学旅行当日に生徒自らが判断して行動できることを目指して，指導を重ねましょう。

2 実行委員による掲示物やプレゼン

　修学旅行の中心となる実行委員会が，学年全体について周知したいことをまとめた掲示物をつくることも有効です。

　修学旅行のテーマ，目指す姿，実行委員会での検討事項など，水面下で時間をかけて話し合いをしていることを学年全体に伝えるのは，とても大切なことです。ただし，一時的な掲示物ですから，レイアウト等を凝ったものにする必要はありません。

生徒がつくった修学旅行コーナーの掲示物

実行委員会が修学旅行のねらいや注意事項を周知する掲示物

修学旅行テーマ　地球儀

刻み込め！！僕らの青春ストーリー

3KAN練磨

感 修学旅行に行かせてもらう感謝
　　 修学旅行先でお世話になる方々への感謝

観 そこにしかないものをしっかり観る
　　 東京の違いを見つけて貴重なことを目で観る

関 学年・学級・班の子どもの関わりを大切にする
　　 誰かが困っていたら助けてあげる

10 1学期の振り返り

トークのネタ 1学期の振り返りの場面で

1 話し始める前に

　3年では，学級運営の多くが生徒の手に委ねられている学級も多いでしょう。もちろん担任が両手放しにしてよいわけではありませんが，生徒が活躍する場をできるだけ多くつくり，力を発揮させたいものです。したがって，1学期の振り返りも，どのように行うのかから生徒に考えさせます。

　担任として留意したいのが，悪かったこと，できなかったこと，つまりマイナス面をあげるだけが振り返りではないということです。生徒に任せると，マイナス面ばかりに注目しがちですが，プラス面を共有して，それにさらに磨きをかけるという視点で振り返りをした方が生産的な話し合いになります。

　振り返りの結果は，掲示物などにして"見える化"しておくとよいでしょう。すぐに夏休みになるため，せっかくの振り返りが2学期には忘れ去られてしまう可能性が高いからです。

2 話の献立

- 1学期の振り返りの方法（自分たちでつくってきた学級なので，自分たちの方法で振り返りをしてほしいと伝える）
- 振り返りはマイナス方向ではなく，プラス方向で（振り返りの際に大切なのは，学級としてできたこと（プラス面）に着目することであると伝える）

トーク 1学期の振り返りの場面で

生徒が決めた学級目標を指しながら，話し始めます。

> 早いもので，3年の1学期がもう終わりに近づいてきました。4月から数えて3か月あまり。登校日数は〇日になりました。君たちはここに掲げた学級目標を達成しようといろいろとがんばってきましたね。今日は，そんな1学期を振り返ってみたいと思います。

まずは一人ひとりの顔を見ながら，学級全体をほめることです。

> 3年生ですので，先生が振り返りの方法を決めないで，君たちに決めてほしいと思います。1，2年でも様々な方法で振り返りをしてきたと思います。まずはどのような方法で行ってきたかを思い出してください。

何人かに指名するとよいでしょう。反応がないかもしれないと予想するときには，学級のリーダーに質問事項を伝えておきます。学級役員にあらかじめ案を話し合わせておくのもよいでしょう。

> それでは班ごとに話し合ってもらい，発表することにしましょう。振り返りのときには，悪かったことやできなかったことばかりでなく，学級としてよかったことも出してくださいよ。よかったことは2学期も続けていき，さらに磨きをかけましょう。

このように，振り返りの際の留意点を話しておきます。また，話し合いに時間をかける必要はありません。班で1つでも出れば，学級全体では結構な数になるからです。

> なるほど。これだけよかったことが出てきたのはうれしいことです。ちなみに先生は，修学旅行のときに，まとまりのある学級とほめられたことがうれしかったですね。2学期にも続けてほしいことがたくさん出てきたので，忘れてしまわないように，掲示物にして貼っておくことにしましょう。

このように簡単でよいので，1学期の区切りをつけておきたいものです。また担任としての総括を述べることができるよい機会だと考えてください。発表されたことを基に具体的に話すとよいでしょう。

10　1学期の振り返り

自己評価と「いいとこ見つけ」

1　自己評価を大切に

　教師が学期の締めくくりに一人ひとりの生徒を評価するのはとても大切なことです。それらの結果を伝える手だては，多くの学校では通知表を通して行っていることでしょう。

　ところが，教師の見立てと生徒自身の振り返りが一致しないこともあるものです。完全に一致していないからといって心配をする必要はありませんが，生徒自身による評価を知っておくのは重要なことです。

　そこで，指導要録の「行動の記録」を基にした自己評価をさせてみてはどうでしょう。それぞれの項目に平易な言葉で説明を加え，◎，○，△の3段階で評価させ，教師の評価と比べてみるとよいでしょう。

2　いいとこ見つけ

　無理やり肯定的な評価をすることには否定的な向きもありますが，生徒個々のよさをできる限り認め，それを自覚させることは，生徒を伸ばしていくために非常に重要なことです。

　例えば，学年部会などの折に，自分の学級の生徒のよいところを他の教師から聞く機会を設けます。学年団で「いいとこ見つけ」をするのです。積極的に他の学級の生徒のよいところを伝えるのも忘れないようにしたいものです。そこで得た情報を基に，通知表を渡す際に生徒にかけるひと言などを考えます。

自己評価表の例

項目	説明	◎○△
基本的な生活習慣	挨拶をしっかりし，場をわきまえて行動する。	
健康・体力の向上	リズムある生活を送り，適切な食事や運動を行っている。	
自主・自律	自分で考え，的確に判断し，自制心をもって自律的に行動する。	
責任感	自分の役割を自覚して誠実にやり抜き，その結果に責任をもっている。	
創意工夫	進んで新しい考えや方法を見つけ，自らの個性を生かした生活を工夫している。	
思いやり・協力	だれに対しても思いやりと感謝の心をもち，みんなのためにしている。	
公正・公平	正しいことに誠実に取り組み，誘惑に負けず公正な態度で，誰に対しても公平に行動している。	
…	…	

「いいとこ見つけ」例（名簿を利用します）

氏名	いいところ
愛知太郎	授業中積極的でユーモアあり
井上雅夫	話し合いでは慎重に考えながら重要な発言
牛田　研	忘れ物なし・提出物完璧
江本勝也	…

10　1学期の振り返り

1学期の通知表

❶ 1学期の通知表作成のポイント

　3年の通知表は，卒業後の進路にもかかわるものであることから「1，2年のときの通知表はありませんが，3年のときの通知表は保管しています」という保護者が少なくありません。このように，3年時の通知表は末永く残るものであることを肝に銘じて，所見には細心の注意をはらっていねいに作成しましょう。

❷ 1学期の通知表所見の文例

❶リーダーシップを発揮し，高い目標をもっている生徒

　級友にチャイム着席を促すなど，クラス全体のことを考えての発言や提案が随所に見られ，学級のリーダーとして十分な働きぶりでした。進路に対する明確な目標もあり，授業に臨む姿勢も立派です。

　リーダーとしてどのような行為がすばらしいのかを明確に述べ，行為の価値づけをしています。3年生に向けた所見らしく進路に対する意識の高さに触れたうえで，日ごろの姿勢をほめています。

❷学級の一員として責任をしっかり果たしている生徒

　庶務係として掲示物をつくったり，学級の話し合いでは建設的な意見を述べたりと，学校生活に前向きに取り組む姿勢にとても好感がもてました。自信と責任感をもって物事に臨むことが，精神的な成長にもつながっています。

　1文目では，保護者に学級での様子がしっかり伝わるように具体的な事実を中心に述べています。2文目では，そのような生徒の行動が，本人の精神的な成長に貢献していることに触れています。

❸学習面でがんばりがみられた生徒

　卒業後の目標が定まってからの学習に向かう姿勢には，目を見張るものがありました。問題集に書き込まれたメモの多さからも，学習内容をしっかり身に付けようとしていることがよくわかりました。

　３年生になり，学習に向かう姿勢にとてもよい変化がみられる生徒がいます。所見の中でそのことに触れると，家庭でもほめられることになり，本人はますます張り切るはずです。

❹基本的な学習習慣の改善が望まれる生徒

　進級を機に，意欲的に係活動や当番活動に取り組んでいます。英語コンクールに見事合格できたように，努力は人を裏切りません。２学期は，遅れがちな課題提出が改まることを期待しています。

　まず３年生になってからみられたよい変化を，具体的な事実を通して保護者にもわかるように述べています。そのうえで，改めるべきことも明確に述べています。具体的かつ明確に書けば，保護者の協力も期待できます。

❺進級を機に飛躍を望んでいる生徒

　するべきことや自分のできることに対しては，そつなく対応していますが，現状に満足している様子を歯がゆく感じることがあります。確かな力をもっているので，何事にも遠慮することはありません。

　しっかりと現状を伝えた後，担任としての率直な思いを述べています。このように，心情に訴える所見は，毎日生徒をよく見て，信頼関係を築いている担任だからこそ書けるものです。

11 夏休み

トークのネタ　夏休みの前に

1 話し始める前に

　3年の夏と言えば，どうしても勉強のことを話題にせざるを得ません。しかし，「しっかりやりましょう」では，生徒の心には響かないので，生徒がアクションを起こすように話す必要があります。例えば，成績を大きく伸ばした先輩の話や教師の経験談は効果的です。

　また，進路選択のために学校見学会に出かけることをすすめる学校も多いでしょう。パンフレットを見て想像していた学校と実際に目にする学校は違うものであることを話しましょう。実際に自宅から学校へ足を運んでみることで，交通機関，かかる時間，通学費等がわかります。このことも家庭で進路について相談するうえで大切な要素であるということを話しておくとよいでしょう。

2 話の献立

- **3年の夏休みにおける勉強**（成績が大きく伸びた先輩の話や教師の体験談を紹介しながら，やる気を起こさせる）
- **学校見学会への積極的参加**（実際に足を運び，目にすることで，進路を選択するときの材料を多く得られることを伝える）
- **計画的な夏休みの過ごし方**（1，2年の夏休み計画表より具体的に立案し，日々修正を加えていくことをすすめる）

トーク 夏休みの前に

　3年の夏休みは，だれが何と言っても，やはり勉強がメインです。進路の幅を広げることができるか狭めてしまうかは，この夏休み中の勉強にかかっていますよ。これまでの経験を踏まえて言っています。

　学年主任や進路指導主任から同様のことが伝えられるでしょうが，やはり学級のことをよくわかっている担任が言うのでは，生徒に与えるインパクトが違います。

　「明日やろうと40回言うと夏休みは終わる」という嫌な言葉を君たちに贈ります。長そうに思えて短いのが夏休みです。前半は部活動の最後の大会があるので勉強どころではないという人もいるでしょう。そういう人は，やれるときに集中してやることです。

　生徒の中には「いよいよ最後の夏の大会だから燃え尽きよう」という気持ちの者もいるでしょう。もちろん，こうした気持ちをもつのはとても大切なことです。「その気持ちもわかっていますよ」というメッセージを送ることを忘れてはいけません。

　過去に夏休みに一気に成績を上昇させた人がいますので，その人の勉強法を紹介します。キーワードは「浮気をせず，愛を貫き通す」です。

　印象に残る話にするためには，このようにインパクトのある言葉を提示するのも1つの方法です。

　その人は，学年ビリの300番だったのですが，夏休みの勉強がきっかけになって，最後は7番になったのです。その人は，1教科1冊の問題集を何度も何度もやったのです。他の問題集に浮気はしません。その1冊をとことんやることで力が付くと信じてやり通したのです。どの問題集もしっかり考えてつくられていますので，これは理にかなっていると言えます。

　1冊を何度も何度も繰り返し解くのは大変なことです。経験談を聞くと，三度目になると，わかっていることがとても多くなり，やっていても楽しくて，どんどん進めることができたそうです。こういったことも伝えると，やる気を起こす生徒が多くなるでしょう。

11 夏休み

夏休みの目標を漢字一字で表そう！

1 夏休みの目標を漢字一字で

　中学3年の夏は，義務教育最後の夏休みですが，多くの生徒にとっては受験と向き合うはじめての夏休みでもあります。与えられた最低限のことをこなすだけの夏休みにならないように，しっかりと計画を立てさせたいものです。

　しかし，計画表を配付しても，結局何も書かずに終わってしまう生徒が少なからずいることも事実です。そこで，夏休みの目標をシンプルに漢字一字で表させてみます。これなら，計画を立てることが苦手な生徒でも書くことができます。

2 みんなでがんばる夏休み

　夏休みを迎える前の数日間，教室は不思議な空気に包まれます。部活動の最後の大会を前に意気込んでいる生徒と，すでに最後の大会を終えて部活動を引退した生徒が混在しているからです。こんなとき，担任としてどのような言葉かけをするのかは悩みどころですが，どちらの立場の生徒も前向きになれるような言葉を探したいものです。

　特に，部活動を引退した生徒には，次の目標を確認し，その目標達成に向けての一歩を踏み出して夏休みを迎えさせたいところです。彼らのこれまでの努力を評価しつつ，これからにつながるよう，道徳授業や学級通信などを通して彼らへ精一杯のエールを送りましょう。そして，みんなでこの夏休みをがんばって乗り切ろうという雰囲気で1学期を締めくくります。

夏休みの目標をシンプルに漢字一字で表します

目標を立てる意義を確認するために道徳授業や学級通信で思いを伝えます

11 夏休み

学校見学会の情報を
みんなで共有しよう！

1 見学会の事前準備

　夏休みは，高校等の見学会や1日体験入学などを通して，自己の進路についてじっくり考えさせるよい機会です。夏休みには，すべてと言ってよいほどの学校で見学会が開催され，多くの中学生が集まります。「百聞は一見にしかず」です。進路指導主任と相談のうえ，学級担任として，2，3校は見学するようにすすめるとよいでしょう。

　しかし，せっかくの見学会に遅刻したり，日にちを間違えてしまったりする生徒が少なからずいます。そういったことを見越して，右ページの上のようなチェックシートを作成し，見学の事前準備をしっかりするように指導しておく必要があります。

2 パンフレットに感想を貼って共有

　せっかく学校を見学してきたのですから，その成果を学級で共有したいものです。そこで2学期のはじめに，見学時に自分の目で見て気付いたことなど生の情報を付箋等にひと言書かせ，それを高校から送られてきたパンフレットに貼らせて教室に掲示します。

　長い期間にわたって掲示しておく必要はありません。進路を考えさせるための2学期はじめの雰囲気づくりの1つです。パンフレットに貼られた付箋の数を見るだけで，生徒は自分の進路について意識し，友だちが見学した学校にも関心を寄せるようになります。なお，付箋には記名させない方がよいでしょう。

事前準備のチェックシート例

見学会に参加する際，ゆとりをもって早めに行動し，時間は厳守しましょう。見学会の前日までに準備を整え，□に✓をつけてみましょう。

- ●開催場所と地図
  □高校の住所と地図を確認しましたか？
- ●交通手段と所要時間
  □高校までの交通手段・交通費・所要時間を確認しましたか？
- ●連絡先
  □当日のトラブル（電車の遅延など）の際に連絡できるよう高校の電話番号はメモしましたか？
- ●持ち物
  □筆記用具　　　　　　　□交通費　　　□時計
  □資料が入る大きさのカバン　□上履き

感想が貼られたパンフレット（イメージ）

▶卒業生の声 ……………… P●
▶部活動紹介 ……………… P●
▶年間行事 ………………… P●
▶キャンパス紹介 ………… P●
▶Q&A「○○高校丸わかり」P●
▶交通アクセス …………… P●

とてもきれいな校舎！エアコンあり！

有名大学への進学ができると自慢。

吹奏楽部が全国一になっている。

部屋がめちゃくちゃ古くて臭かった！

男女共学だけど，男子がとても多い。

11 夏休み

2章　中学3年の学級づくり　365日の仕事術＆アイデア

11 夏休み

トークのネタ　夏休み中の出校日に

1 話し始める前に

　夏休み終了前に，いくつかの課題を指定して提出させ，点検する学校は多いでしょう。3年のこの時期に指定した課題が提出できない生徒には，個別指導が必ず必要です。全体で話すときは課題を提出できたことを大いにほめましょう。そして課題を提出できなかった生徒には，後で事情を聞くことを全体の前で宣言しておくとよいでしょう。決められたことをきっちりやることの大切さを，いま一度全体に周知する意味でも大切です。

　また，出校日に生徒の気持ちを引き締めることは，担任の大切な仕事です。部活動を引退し，1日をすべて自分のペースで過ごすことができる生徒も多いはずです。自己をコントロールする難しさに共感しつつ，やるべきことができたときの喜びの大きさについて触れるとよいでしょう。

2 話の献立

- **課題に取り組んできた成果**（決められたことにしっかり取り組めたことを大いにほめ，その成果は必ず表れることを伝える）
- **自己をコントロールすることの難しさと喜び**（自分ですべて決めることができる1日は，楽しくもあり難しくもあることに触れる）
- **夏休みに入ってからの出来事**（例えば，市内大会の結果や，広島・長崎への原爆投下など平和について考える話題を提供する）

トーク 夏休み中の出校日に

> 早いもので夏休みも〇日終わりました。君たちも悲しいでしょうが，先生も同じですよ。でも，あと△日もあると思ったらどうでしょう。あと△日しかないと考えるのがマイナス思考，△日もあると思うのがプラス思考です。

大人になると，「プラス思考をしよう」と言われることが多くなります。機会を見つけて，こうした大人の言葉を知らせておくのもよいことです。

> 今日は課題提出日です。すべての課題をきっちりやってきた人は立派です。もちろん課題をやってくることは当たり前のことですよ。約束を守ることは当たり前のことなのですが，先生はやはり立派だと思うのです。逆に，約束を果たせなかった人，特に3年生のこの時期ですから，とても残念に思います。いろいろな事情があってのことだと思います。あとで一人ずつその事情を聞きたいと思います。

当たり前のことでもほめられるとだれもがうれしいものです。ストレートにほめましょう。こうしたときに皮肉っぽくほめる教師がいますが，聞いている側は，ほめ言葉であってもうれしいものではありません。ほめるときには無条件にほめましょう。課題提出ができなかった生徒に，教師がどのように対応するのかはすべての生徒が注目します。全体の前で叱るより，このように個別に聞くことを宣言し，そこで指導するのが得策です。

> ところで，これまでの夏の大会では，君たち3年生のがんばりがとても光りました。いくつかの試合に応援に行きましたが，とても誇らしく思いましたよ。それぞれの部活動の大会結果を簡単に発表してもらいましょう。

集会で表彰伝達がされるでしょうが，いち早く学級で報告会を開くとよいでしょう。その際には，レギュラーでなかった生徒への称賛も忘れてはいけません。

> 途中で何度も言いましたが，それぞれの部活動を一人ひとりが支えたからこそ結果が伴ったのです。

こうした教師の前向きな話が，2学期の学級づくりの中において必ず生きてきます。

11 夏休み

夏休み中の勉強時間を
累積しよう

1 夏休み中の勉強時間を累積していく

　3年の夏休みの家庭学習は，受験という大きな目標に向かって取り組むことになります。

　しかし，多くの生徒は，自分の取り組みが十分なのかに不安を抱えながら勉強しています。そんな生徒に自信をもたせるちょっとした工夫として，右ページのような夏休みの学習計画（記録）表で，勉強時間の累積を記録させます。

　40日程度休みがあるので，計画通り進めれば，多くの生徒の累積記録は100時間を超えることになります。この記録が，「自分はこんなにもやったんだ！」という達成感を生み，生徒の自信につながります。

2 友だちのがんばりを発奮材料に

　夏休みの出校日に，この学習計画表を生徒に持参させ，生徒同士でこれまでの取り組みを確認し合う時間をつくります。

　自分ではがんばってきたつもりの生徒も，他の生徒のさらなるがんばりを目の当たりにすることで，「まずい」という気持ちになります。ここで大切なことは，他者との比較ではなく，友だちのがんばりに刺激を受け，残りの夏休みの学習についてどうしたらよいかを考え，意欲的に取り組む姿勢をもたせるようにすることです。

　教師が夏休み中の取り組みの重要性を語るのも大切なことですが，仲間から受ける刺激にはもっと大きな切実感があります。

勉強時間の累積を記録する欄を右端に設けた夏休みの学習計画（記録）表

夏の学習時間

3年　組　番　氏名
学習面　　　　　　自分の学力を伸ばす！

受験生の夏休み！勉強に完全燃焼しよう、受験生！勉強に完全燃焼しよう，
苦手教科克服のチャンス，計画的な学習をして，充実した夏休みにしよう！苦手教科克服のチャンス，計画的な学習をして，実力をつけよう！

日	欄	行事	8	9	10	11	12	13	14	15	16	17	18	19	20	21	22	23	累積勉強時間
		体験入学・学校見学																	
18	金	1学期終業式																	
18	土	誉武ビジネス・愛知高校（吉）																	
20	日																		
21	月	海の日																	
22	火																		
23	水	菊華高校（普）																	
24	木																		
25	金																		
26	土	桜花学園高校																	
27	日																		
28	月	保護者懇談会1日目																	
29	火	保護者懇談会2日目																	
30	水	保護者懇談会3日目／小牧高校																	
31	木	保護者懇談会4日目／小牧高校・名古屋工業高校																	
1	金	3年救命講習AED 9組・10,11組・1組・2組／名古屋工業高校																	
2	土																		
3	日																		
4	月	3年救命講習AED 2組・3組・4組・6組／江南高校																	
5	火	江南・犬山・尾書桔合高校																	
6	水	3年救命講習AED 4組・7組／一宮工・愛知工業・春日井工業・春日井／愛知啓徳・丹羽・小牧南高校																	
7	木																		
8	金	小牧南・丹羽・尾北・一宮高校																	
9	土																		
10	日	誉出高等																	
11	月	行事を組まない日〜17日																	
12	火																		
13	水																		
14	木																		
15	金																		
16	土																		
17	日																		
18	月	学習会 13:00〜16:00（図書室）／春日井南高校																	
19	火	学習会 13:00〜16:00（図書室）／西春・小牧工業・名古屋西高校																	
20	水	全校出校日（AM）／向陽高校																	
21	木	応援優先日8:30〜18:00／学習会 13:00〜16:00（図書室）																	
22	金	応援優先日8:30〜18:00／学習会 13:00〜16:00（図書室）																	
23	土	旭野・菊華・栄徳・誠信・名電																	
24	日	菊高校																	
25	月	学習会 13:00〜16:00（図書室）																	
26	火	学習会 13:00〜16:00（図書室）／北・岡崎・名古屋大谷・星学館高校																	
27	水	学習会 13:00〜16:00（図書室）／名古屋大谷・至学館高校																	
28	木	愛産大高校																	
29	金	学習会 13:00〜16:00（図書室）／春日丘高校																	
30	土																		
31	日																	合計

11 夏休み

2章　中学3年の学級づくり　365日の仕事術＆アイデア

12　9月1日　2学期始業式

トークのネタ　2学期始業式の日に

1　話し始める前に

　3年の2学期は，進路を確定させる時期です。2学期のはじめに，このことについて十分話をしておく必要があります。例えば，進路アンケートをとる時期について知らせておきましょう。学校によっては毎月とる場合もあるでしょう。また，進路についての個人面談の予定も伝えておきます。

　このように早々に具体的に話すのは，進路決定が多くの生徒にとって初めてのことだからです。兄姉のいる生徒でも，詳しい流れはわかっていない場合がほとんどです。この時期は各学校からたくさんのパンフレットが届きます。届き次第学級に掲示（ファイル）するので時間があるときに見ておくように，と話しましょう。だれかが見始めると，周囲の生徒もそれに感化されます。もちろん，短学活などで担任が紹介するのも大切です。

　2学期は大きな行事も続くので，学級としてさらなるまとまりを見せてほしいという願いもしっかり伝えておきましょう。

2　話の献立

- **2学期の学校・学年行事**（これまでの経験を十分に生かし，学級として最高の状態で大きな行事を迎えたいという担任の思いを伝える）
- **進路決定までの流れ**（アンケートや面接の具体的な日程を伝え，いよいよ進路を決定する時期が迫っていることを知らせる）

トーク 2学期始業式の日に

> 　3年生としての学校生活も2学期を迎えることになりました。この学期中に，君たちには大切な決定をしてもらうことになります。それは，進路を固めるということです。1学期に1回進路アンケートをとりましたが，この2学期には3回とります。1か月にほぼ1回とることになります。そのアンケートを見せてもらって，先生と相談することにしたいと思っています。迷っていたり，家の人と意見が違ったりする場合は，そのときにぜひ話をしてください。

　具体的にアンケートの回数や面談内容を伝えることで，ようやく自分が進路決定の時期を迎えていることを認識する生徒もいます。教師や保護者が思うほど現実的に考えない生徒も少なくないのです。

> 　この2学期には，高校から学校紹介や入試のことなどを書いたパンフレットが次から次へ届きます。届き次第ファイルに綴じておきますので，時間をつくってぜひ見てください。数人で一緒に見るといいですよ。こういうことも考えなくてはいけないのだ，と友だちの何気ないひと言で気付くことがあります。

　何人かでパンフレットを見るのがよいことだと伝えているのは，学級全体で進路について前向きに考えていこうという雰囲気をつくり出すための布石です。

> 　もちろん，進路選択のみの2学期であってはいけません。体育大会や合唱コンクールなど，大きな行事が続きます。君たちは三度目になりますから，ベテランです。さすが3年生の学級だと言ってもらえるように，全力で向かっていく学級であってほしいと思います。

　あと半年あまりで卒業していく生徒を見ていると，担任として，なんとしてもよい思い出になる行事にしてやりたいという気持ちが強くなるはずです。しかし，あくまでも主役は生徒です。担任が一人先走ってしまうことがないように心がけましょう。生徒の過去2年の経験を生かすことを第一に考えるとよいでしょう。

12　9月1日　2学期始業式

進路情報に自然と目がいく環境づくり

1　学校見学会の記録をまとめる

　夏休みごろを皮切りに，多くの学校で見学会が実施されます。2学期末には進路希望先を確定して，書類をつくり始めることを視野に入れ，2学期早々に学校見学会に参加した後の記録づくりをしていきます。

　記録シートのフォーマットは，学年で共通理解して，統一しておくと便利です。他学級と協力して記録づくりをすると，多くの学校の情報を集めることができます。

　なお，あくまでも見学会に参加したというだけであって，進路が決定したわけではないので，見学会の記録に個人名を書かせることは避けた方がよいでしょう。

2　見学会の記録やパンフレットを掲示する

　収集した見学会の記録は，進路コーナーや教室に掲示します。進路指導において，進路情報に自然と目がいくような環境をつくることは非常に大切です。特に，進路について真剣に考えようとしない生徒には，よい刺激になるはずです。

　その際，自校の生徒が進学することの多い学校の位置がわかる地図を掲示し，それぞれの学校の位置に番号を付けていきます。それと対応させて，見学会の記録をファイルに綴じたものにも番号を付け，近くに設置しておくようにします。また秋ごろから次々に届く高等学校のパンフレットにも同じ番号を付けて設置しておくとよいでしょう。

学校見学会の記録シートのフォーマット例

高校名	
設置学科	
学校からの 交通手段と時間	学校→
見学会の内容	
説明で 強調された事柄	
感想（雰囲気など）	

掲示してある地図の学校の位置に記したものと同じ番号をパンフレットにも付けます

13 体育大会

トークのネタ　体育大会に際して

1　話し始める前に

　３年生として迎える体育大会は，学校の顔としての活躍を見せる場です。競技だけでなく運営の面においても，さすが３年生だと言われたいものです。

　担任は，学級としてのまとまりについて話しておきましょう。「学級のまとまりはどこに表れるか？」という質問をしてもよいでしょう。様々な観点があるので，最後は担任の観点を伝えておかなければいけません。生徒は自分なりにできたつもりでも，努力の観点が違っていると担任から評価されないため，不満を覚えます。「先生はちっともわかってくれない」という声が聞こえてくるのは，往々にして観点の違いに要因があります。

　競技種目が中心となっている体育大会では，自己ベストを出すことを目標に密かに練習をしている生徒もいることでしょう。そういった取り組みの情報をできる限り集め，励まし，称賛したいものです。ベストを尽くそうという気持ちは，他の面でもプラスに働くに違いありません。

2　話の献立

- **３年生としての体育大会の姿**（競技面だけでなく，運営面でも貢献できる３年生であってほしいと伝える）
- **体育大会での学級のまとまり**（担任として考える，体育大会でのまとまりがある学級の姿を話す）

トーク 体育大会に際して

　いよいよ中学校最後の体育大会が近づいてきました。それぞれが出場する競技が決まった時点から，家に帰って練習をしている人がいることを知りました。ここでは名前は言いませんが，なかなかできることではありません。ベストを尽くそうという気持ちは，どのような場面でも大切なことです。うれしい情報を得ることができました。さて，競技ばかりではなく，体育大会の運営面でも３年生らしい貢献をしてほしいと思います。

　３年生は，様々な役割で体育大会の運営に参加します。生徒会役員として，委員会のメンバーとして，あるいは運動部の代表としてなど，活躍の場が用意されているはずです。多くの参観者の前でテキパキと動く姿を見せてほしいことなど，具体的に話すとよいでしょう。

　さて，体育大会に向けて，担任として君たちにぜひとも伝えておきたいことがあります。「さすが３年生だ。まとまりのある学級だ」という声をぜひともいただきたいのです。そこで君たちに聞きますが，学級のまとまりはどのようなところに表れると思いますか？

　このように質問をして，まずは考えさせるとよいでしょう。数人の発言を重ねることによって，担任の思いと合致する言葉も出てくることでしょう。

　そうですね。１つは，集合，整列時のスピードに表れますよ。まとまりのない学級は，ダラダラした感じが漂うのです。まるでピシッという音がしているように素早く動いていると，見ていても清々しくまとまりがある学級であると感じます。

　生徒が具体的にイメージを浮かべるように話すことです。体育大会練習後には，その観点に従って評価します。

　あとは応援の姿です。学級の仲間の競技をしっかり応援している姿は，観覧席からもよくわかります。

　多くの観点を出さず，２〜３の観点を示すにとどめることが大切です。それらがしっかりできれば，他の場面でもできているはずです。

13 体育大会

13 体育大会
応援パフォーマンスを向上させるアイデア

1 応援パフォーマンスづくりに ICT を

体育大会の応援パフォーマンスをつくる際には，ただ演技を考えるだけでなく，その学級独自のこだわりを取り入れたいものです。

その際，大型デジタルテレビを使って，自分たちの練習の様子を撮影した画像や動画を見せてあげることは有効です。自分たちのパフォーマンスを客観的な視点で見て，気付いたことを発言することができるなど，主体的な活動が期待できます。

また画像は，学校のホームページや学級通信に載せて発信することで，人に見られていることを生徒に意識させることもできます。

2 何をすべきか考えて，前向きな取り組みを

「応援パフォーマンスを全員が早く覚えられるような方法はないかな？」
「体育大会を通して，後輩たちや学校のためにできることはないかな？」
と質問を投げかけると，生徒たちは真剣に考えます。

例えば，応援パフォーマンスの動きを冊子にまとめて配付する，下学年の学級と練習の交流会を行い，後輩にアドバイスをするなど，生徒の発想は豊かです。

担任は，冊子の印刷や交流会の日程調整など，教師にしかできないことだけ手伝い，あとはアドバイス役に徹して，できるだけ生徒に任せて行動させます。目的達成のために必要なことを考え行動できたことをおおいにほめ，生徒の主体性を伸ばしたいものです。

パフォーマンスを動画で再生＆見ながら動きの練習をする生徒

生徒が応援パフォーマンスをわかりやすくまとめた手づくりの冊子

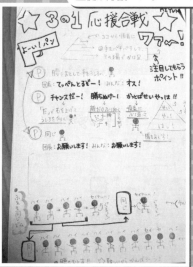

13 体育大会

13 体育大会
最後の体育大会にかける思いを黒板に表そう！

1 クラスの個性を生かした応援歌，かけ声

　応援合戦では，ふりつけ，かけ声，応援歌の歌詞など，工夫するポイントがたくさんあります。

　3年生にとっては最後の体育大会の応援合戦ですから，その学級ならではの個性を生かした応援歌やかけ声を考えさせてみましょう。例えば，応援歌の歌詞の中に学級目標を入れたり，担任の先生の特徴や性格などをユニークに織り交ぜたりするのもおもしろいものです。

　自分たちのクラスだけの個性を生かした応援は，いつまでも心に残る思い出になります。

2 黒板への寄せ書き

　体育大会の前日に黒板に寄せ書きをします。体育大会にかける思い，応援合戦への意気込み，クラスの仲間へのメッセージなど，内容は何でもかまいません。時として，ちょっと関係ないことを書いてしまうお調子者の生徒もいますが，細かいことは気にしません。守るべきルールはただ1つ，担任も含め全員が必ず書くということです。これで，学級の士気が一気に高まることは間違いありません。

　当日の朝，教室に入ったときに黒板の寄せ書きを見るとうれしくなるものです。最後の体育大会にかける3年生の熱い気持ちを形に表すおすすめの方法です。

13 体育大会

目指せ！
学級対抗競技優勝

1 「泣いても笑ってもこれが最後」だとするならば…

　小学校の運動会，そして中学校の体育大会。それもいよいよ今年が最後。担任であれば，この最後の体育大会を最高の思い出にしてあげたいとだれしも思うものではないでしょうか。

　では，最高の思い出とは何か？　それは，結果，すなわち優勝です。仮に優勝できなかったとしても，本気で優勝を目指したことが生徒たちの心に残り続けます。

2 ねらうは学級対抗競技優勝

　しかし，陸上大会のような形式で得点を争う場合，勝つためのメンバー決めをすると，必ず嫌な思いをする生徒が出てしまいます。仮に総合優勝しても，学級に泣いている生徒がいては優勝の価値はありません。ですから，生徒と相談して，総合優勝はあえてねらわない，というのも１つの選択肢です。

　そのかわり，学級対抗競技での優勝にすべてをかけます。その競技の特性をとにかく担任が調べ尽くし，学級に下ろしていきます。例えば，必勝法をまとめたプリントをつくったり，過去に好成績を残した学級のビデオで研究したりします。

　陸上競技の結果にはこだわらず，そのかわり，学級対抗競技は全員一丸となり，力を合わせて優勝を目指します。生徒たちは，きっと気持ちよく学級のためにがんばってくれるはずです。その協力から生まれた結果こそが，生徒の一生の思い出になります。

1組台風の目必勝法！㊙

過去3回中、優勝2回、準優勝1回の高勝率！
こうすれば必ず勝てる必勝法！

1. 列は詰められるだけ詰めてバーを通す距離を短く！
 → 通す距離が長くなればなるほど遅い！

```
よい例
〇〇〇〇〇〇〇〇〇
〇〇〇〇〇〇〇〇〇
〇〇〇〇〇〇〇〇〇

悪い例
〇 〇 〇 〇 〇
〇 〇 〇 〇 〇
〇 〇 〇 〇 〇
```

2. バーを通すスピードは全力！
 → スピードを落とせばミスは減るが遅い！練習でとにかく速いスピードになれること！怖がらない！

3. バー通過中はできるだけ内側に詰めて高く飛ぶ！
 → タイミングがずれるとひっかかる。だからこそ、高く飛んでおけばタイミングが多少ずれても通過できる！

4. 回転中はできるだけ内側に詰め、回転スピードをなるべく上げる！
 → 遠心力をなるべく小さくし、回転スピードを上げる！

よい例

悪い例

5. 列をなるべく少なくする！
 → 360度の回転と、180度の回転ではどちらが速い？

よい例（180度）
↑進行方向
縦に入って…
縦に出る！

悪い例（360度）
1周回転する。
↑進行方向

6. 列の両端はなるべく速い人！
 → 足抜きの時のスピードを上げるにも役立つし、走るのが苦手の人を引っ張れてからバーできる！ベストは両端男子の真ん中女子。

これだけのことがマスターできれば必ず勝てる！あとは練習あるのみ！「全力」で練習をがんばろう！みんなのチームワークが大丈夫！最高の思い出にしよう！

14 生徒会役員選挙

トークのネタ 生徒会役員選挙の前に

1 話し始める前に

　３年後期の生徒会役員に３年生が立候補することはないでしょう。そのため，生徒の関心が低く，例えば，立会演説会などでは私語をするような生徒が出てくる可能性もあります。

　そこで，担任からの指導が大切になります。あと半年で卒業するこの学校をよりよいものにするためには，生徒会役員のがんばりが欠かせないこと，これまで支えてきてくれた後輩を支えるのは３年生として当然であること，生徒会の三分の一を占める３年生の態度は他の学年の生徒に与える影響が大きいことなどを話しましょう。

　信任投票となる場合も考えられますが，安易に「信任せず」とする生徒がいます。自分が代わって役員をする覚悟があってこそ，「信任せず」という投票ができるものだということを押さえておきましょう。

2 話の献立

- **３年生として生徒会役員選挙に臨む姿勢**（これまで支えてきてくれた後輩を支える立場となったことを押さえる）
- **立会演説会と投票**（社会で行われている選挙とできるだけ同じように立候補，投票・開票などがされていることを押さえ，真摯に臨むように伝える）

トーク 生徒会役員選挙の前に

> 明日は後期の生徒会役員選挙です。今回は2年生と1年生しか生徒会役員に立候補していないので，3年生の君たちはあまり関心がないかもしれません。そういった雰囲気が影響してか，昨年の立会演説会では3年生の中から聞こえてくる私語が目立ちました。今年の3年生でもそのようなことがあったら恥ずかしいことです。

あらかじめ予想できることを，このように昨年の例で話しておくとよいでしょう。

> 君たちはあと半年間で卒業しますが，その間，中心となって学校を動かしていくのは，後期の生徒会役員です。みんなよい卒業式を迎えたいですよね？ そのためには，後期の生徒会をしっかり支えることです。生徒会役員選挙にもしっかり臨んでほしいと思います。

学校の実態に応じて，後期生徒会が開催する行事などを具体的に示し，よりよいものにしたいという気持ちはだれもがもっていることを押さえておくとよいでしょう。

> ところで，ここ〇市の市長選挙がありました。投票率はどれほどであったか知っていますか？ ちなみに，生徒会役員選挙の投票率は，少し欠席がありますが，ほぼ100％です。

自分が住んでいる地域の選挙の投票率を答えることができる生徒はまずいません。予想させるとかなり高い数値を口にするはずです。実際の数値を知らせるとびっくりする生徒が多いことでしょう。中学3年生ですので，このようなちょっとした話題で，社会の仕組みや出来事にも目を向けさせていきたいものです。

> そうです。市長選挙においては，投票率は〇％なのです。どう思いましたか？ びっくりしたと思います。せっかくの権利を自ら放棄している大人が非常に多いのです。君たちにはそのような大人にはなってもらいたくありません。

14 生徒会役員選挙

後輩へのメッセージと
卒業までの半年間の決意表明

1 後輩にメッセージを贈る

　後期の生徒会役員選挙では，3年生は立候補しないため，選挙に対する関心が薄くなりがちです。しかし，半年後には卒業していく3年生に「私たちは卒業するから関係ない」という気持ちをもたせてはいけません。

　そのための手だての1つとして，「これまで過ごしてきた自分たちの学校をこんなふうにしてほしい」という率直な思いをメッセージカードに記入し，後輩たちに贈るという方法があります。「率直な思い」といっても，単なる思いつきで書いたりしないように，担任が注意してから取り組ませる必要があります。

　3年生のメッセージが下級生の励みになり，生徒会役員が中心となって学校をよりよくしていってくれる。そうなれば最高です。

2 卒業までの半年間の決意表明

　後輩にメッセージカードを贈って終わりではなく，最上級生として卒業までの半年間の決意表明をさせましょう。自分たちが卒業するまでの半年間，こんなことをがんばりたい，こんな姿で卒業したい，悔いが残らないように残りの中学校生活を送るための決意表明です。

　自分の言葉に責任をもち，自分にプレッシャーをかける意味で，決意表明を記入したカードを廊下の壁など，目につく場所に掲示しておくのもよいでしょう。後輩たちにバトンを受け渡すだけでなく，自分たちも最後までがんばるのだという気持ちを高めさせるための手だてです。

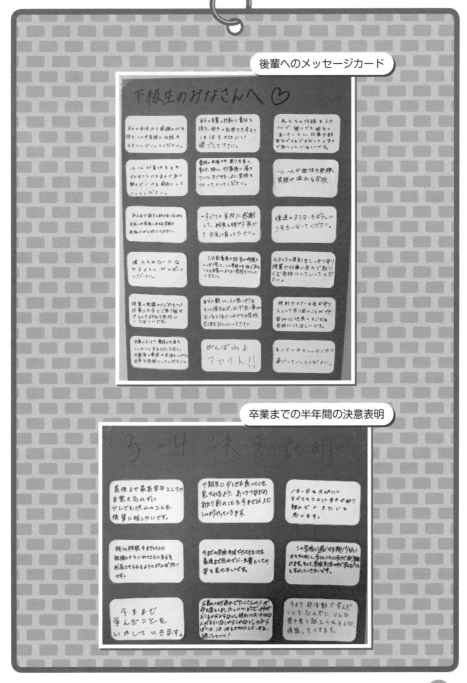

15 美術・書写競技会

トークのネタ 美術・書写競技会の前に

1 話し始める前に

　3年生ともなると，美術や書写にはっきりと苦手意識をもっている生徒が少なからずおり，競技会でも意欲が感じられないことがあります。担任は，得意・不得意があることを踏まえつつ，前向きに取り組むように話をしなければなりません。

　そのためには事前準備が必要です。まずは，美術科や国語科の教師に作品づくりのポイントを聞いておきます。それを掲示物にして，しばらく教室に貼っておくとよいでしょう。

　「センスがないからダメだ」などと素質を問題にしてあきめてしまう生徒がよくいますが，作品づくりに際して考えなくてはならないことをしっかりと理解しておくだけで，作品は随分と変わってくるものです。

2 話の献立

- **美術や書写作品づくりのポイント**（教科担任から聞いてきた作品づくりのポイントを知らせる）
- **3年生としての美術や書写作品づくり**（自分らしさが表れている作品から感じる魅力を伝える）
- **競技会後の流れ**（競技会後の審査，表彰，展示などの流れと日程を知らせる）

トーク 美術・書写競技会の前に

> 皆さんはすでに二度経験してきましたが，もうすぐ美術・書写競技会がありますね。担任として君たちへ何か援助できないかと思い，美術や国語の先生に，作品づくりのポイントを聞いてきました。それをここにまとめてきました。

　こういった競技会は，担当教科の教師に任せておけばよいと考える担任がいますが，それは間違った考え方です。学校行事はすべての教職員で，チーム力を発揮して行うべきものです。したがって，上記のように，「担任として君たちの作品づくりを応援したい」という気持ちをしっかりと伝えることが大切です。

> 聞いてみると，なかなかおもしろい課題です。美術は「ボックス・アート」だそうですね。箱の中にあなたの心を表した立体物をつくるという課題だと聞いてきました。ポイントは，箱の中がより広くより深く感じられるように構成して，心の中を表すことができるかどうか，ということです。詳しくは美術の先生に聞いてもらえばよいのですが，この"広く，深く"を忘れないことですね。ときどき，友だちにこのポイントに基づいて意見をもらうことにしましょう。

　このように具体的に話すと，担任が関心をもっていることが伝わります。担任自身も作品にひと言コメントをする際に，こうした知識は役立ちます。担任がこのような姿勢であれば，生徒の取り組みへの集中力も自然に高まるはずです。

> 先生は，高校では選択教科の関係で，書写はしませんでした。君たちの中にも，今度の書写が生涯最後となる人がいるかもしれませんね。そう考えると，一文字一文字をていねいに書く大切さが感じられることでしょう。

　高校は選択制であるために，中学校のようにだれもが美術や書写を履修するものではないことを伝えます。
　また，作品展示の予定や保護者に案内を出すことを伝えます。保護者の方は，これまでの作品をよく知っているので，熱心に取り組んだことは作品からしっかり感じてもらえることも話しておきましょう。

15 美術・書写競技会
生徒のやる気を引き出す言葉かけ

1 鑑賞者になる

　3年生ともなると，書写・美術とも作品のレベルが総じて高くなり，美術が苦手だった教師には「こんなにすごい作品ができるとは…」と驚くこともあるでしょう。
　「先生は美術が苦手でした。今日は，みんなの作品ができ上がっていくのを生徒になった気持ちで見させてもらいます」
　このように，担任が生徒の作品に関心をもっていることが伝わるように話しかけましょう。もちろん，書写でも同じです。

2 生徒に問いかけをする

　制作中は，さりげなく全員の作品を見て回ります。
　そして，すばらしいと思えるところや感心することがあれば，言葉に出して生徒に投げかけてみましょう。
　「この字はとても力強く書けているね。どういうところに気を付けて書いたの？」
　「きれいな色だなあ。何色を混ぜてつくったの？」
　「はみ出さないように輪郭が彩色できているね。何かコツがあるのかな？」
　ポイントは，上のように，生徒に問いかけをするということです。聞かれた生徒も喜んで答えてくれるでしょう。このようなやりとりを聞くことで，周囲の生徒たちにも学びが生まれます。

16 学級組織づくり（後期）

トークのネタ 学級の組織づくりを行う場面で

1 話し始める前に

　中学校生活もあと半年。3年の後半は進路の決定時期を含んでいるので、慌ただしく過ぎていきます。担任も進路関係の書類作成の仕事が次から次へと発生し、学級づくりの細かなところまではなかなか目が行き届きません。それだけに学級生活が生徒の手によって円滑に進むように、改めてしっかりとした組織をつくり上げたいものです。

　また、この時期だからこそ、遊びの要素を入れた組織づくりもよいでしょう。例えば、毎月学級レクリエーションを企画・運営する係をつくってはどうでしょうか。的確な判断力があれば、生徒に全面的に任せられます。

　もちろん、進路にかかわる係をつくるのもよいでしょう。進路関係の資料には個人情報が含まれるものもあるので注意が必要ですが、掲示やパンフレットの整理など、生徒に任せてもよい活動は結構あるものです。

2 話の献立

- **後期の学級組織への期待**（義務教育最後の学級となることを改めて意識させ、学級づくりへの期待を伝える）
- **この時期にあると便利な係や当番**（担任からこの時期に必要で、学級を潤す係や当番の例を提示する）
- **心に残っている学級活動**（過去の学級組織の具体例を示す）

トーク 学級の組織づくりを行う場面で

　君たちにとって，いよいよ最後の学級組織をつくる時間になりました。これから卒業式までの間は，進路について決定をするために君たちと相談したり，書類を書いてもらったりする時間がたくさん必要です。君たちも，担任である私もバタバタする日が続きます。

　生徒は3年の後半がどのような生活になるのか知りません。イメージがしっかりもてるように，具体的に話しましょう。

　ですから，学級が日々きっちり動いていないと，とても困ることになるのです。清掃や給食当番がいい加減では，進路相談どころではありません。1年生から行ってきた当たり前のことで改めて注意されるのは悲しいことです。実際，この時期にそのようなことをしている余裕はないのです。

　安定した学級とは，当たり前のことが当たり前にできる学級であることを強調します。

　毎日スムーズに学級生活を送ることができるように，学級組織はこれまでの経験を基に，しっかりつくってほしいと思います。当たり前のことを当たり前にできる係と当番，必要な人数を考えてください。

　最後の学級組織づくりなので，このように生徒に全面的に任せましょう。

　先生からの提案ですが，毎月，何か楽しい学級行事を企画・運営する係をつくってはどうでしょうか？　この仲間で過ごすのもあと半年です。卒業後は会えなくなってしまう人もいます。学級のみんなで楽しく，時には大笑いできる行事を企画・運営してくれるとすばらしいと思いませんか？

　こうした提案で，生徒に卒業を意識させることもできます。

　もう1つ提案です。これから進路にかかわることがとても多くなってきます。いろいろな情報を提供したいのですが，そういった情報をみんなに伝えてくれる係があるといいなと思います。

　進路関係の係をつくると，担任のみならず，生徒からも進路の情報を発信することができます。学級全体の進路意識を高めるのにも効果的です。

16 学級組織づくり（後期） アンケート

どんな姿で卒業式を迎えたい？

1 中学校生活の最後に意識してほしいこと

　中学校生活最後の学級組織をつくる前に，学校の顔として，どのように最後の半年を過ごせばよいのかということをしっかり考えなければなりません。担任として意識してほしいことは，例えば，「礼儀」と「感謝」の2つです。この2つはいかなるときでも大切ですが，先生，友だち，学校，親など，生徒にかかわるすべての人に，礼儀と感謝の気持ちを忘れずに活動してほしいと伝えたいものです。

2 どんな姿で卒業式を迎えたいか

　「どんな姿で卒業式を迎えたい？」と生徒に尋ねると，必ず「感動させたい」「後輩たちに，すごい先輩だったと思われたい」と言います。もう一度「では，その理想の姿は今の状態で迎えられそう？」と尋ねると，口を閉ざす生徒が多いことでしょう。

　ここで担任があれこれと細かなことを言うのではなく，「理想の姿に向けて進もう」とだけ伝えます。3年のこの時期になれば，生徒たちは担任が何を伝えようとしているのかを察することができます。だからこそ，耳の痛い話を長々と続けるより，ひと言で終わった方が担任の気持ちはよく伝わります。

　担任としても，後輩から後ろ指をさされるような姿で生徒を卒業させたくはありません。担任がどういうスタンスで最後の半年を過ごそうとしているかによって，生徒たちへかける言葉も変わってきます。

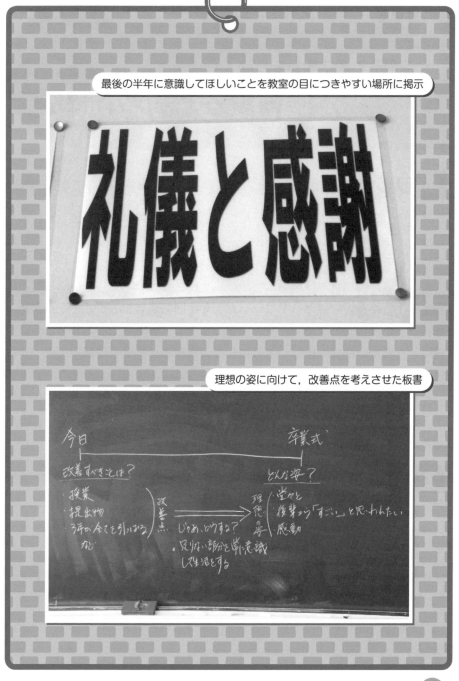

最後の半年に意識してほしいことを教室の目につきやすい場所に掲示

理想の姿に向けて、改善点を考えさせた板書

17 文化祭・合唱コンクール

トークのネタ 文化祭・合唱コンクールの前に

1 話し始める前に

　３年生の文化祭や合唱コンクールへの思い入れは強いものがあるでしょう。担任が下手に学級をコントロールしようとすると，かえって生徒の意識が低下してしまいます。

　合唱では，指揮者・伴奏者に学級運営を任せるとよいでしょう。もちろん，完全に手を離すのではありません。過去２年間の経験があることを踏まえて，練習計画，練習時の評価などを，まずは指揮者・伴奏者に委ねましょう。担任はできるだけ前面に出ないようにして，指揮者・伴奏者に個別に思いや気付いたことを伝えるとよいでしょう。

　担任は，リーダーが孤立しないように注意深く見守ります。最後の舞台であることを意識しすぎて，リーダーの思いが学級にうまく浸透しないことがあるからです。

2 話の献立

- 担任として文化祭・合唱コンクールに期待すること（望む学級の姿を明確に語る）
- 文化祭や合唱コンクールまでの流れ（制作や練習時間は制限されるものであることをしっかり伝える）
- 楽しみな文化部の大舞台（文化部所属の生徒を励ます）

トーク 文化祭・合唱コンクールの前に

> さて，いよいよ最後の文化祭・合唱コンクールの準備を始める時期になりました。過去２年間の文化祭・合唱コンクールを思い出してみて，学級はどのように変わりましたか？

過去２年間を振り返らせることで，３年生として迎える文化祭・合唱コンクールへの気持ちが整います。生徒の発言にコメントをする必要はありません。すべては過去のものです。振り返りながら，今年度への気持ちを高めることを願います。

> いろいろと話してくれましたね。ありがとう。泣いても笑っても，文化祭も合唱コンクールも最後です。みんなの話を聞きながら，いいものにしたいという思いを強めたのは先生だけではないでしょう。

生徒の発言の中に，担任の思いと同じような言葉があったら，ほめながら，それを取り上げるとよいでしょう。

> 君たちの話を聞いていて，気付いたことがあります。それは，担任には絶対にわからないことがたくさんあるということです。３年生ですから，この際，文化祭・合唱コンクールでは，学級役員や指揮者，伴奏者にこの学級のことを任せます。その方がうまくいくと思うのです。

生徒に任せる理由を伝えておいた方がよいでしょう。生徒の話を聞いてみると，例えば，非協力的な仲間には，リーダーがなんらかの働きかけをしているものです。教師が指示しなくても，３年生となれば，自ら動ける生徒が何人もいます。

> もちろん，リーダーにすべての責任を負わせようという考えではありませんよ。リーダーの考えを尊重して進めてもらおう，先生は後方支援をしよう，ということです。

このように，担任の立ち位置をはっきり示しておきます。

> この学級がどのような動きをしてくれるか楽しみにしています！

心の底から生徒を信頼していることを精一杯伝えましょう。

17 文化祭・合唱コンクール

学級団結のためのメッセージ

1 目標と目的

　3年の文化祭や合唱コンクールでは，生徒の思い入れが強くなりすぎて，気持ちが高ぶり，時として人間関係のトラブルを起こしかねません。「学級でよい催しをしたい」「最優秀賞を勝ち取りたい」という気持ちはしっかりと受け止めたいものですが，一方で，生徒に冷静に考えさせる機会ももちたいところです。

　例えば，「目標」と「目的」の違いを示すのもよいでしょう。「目標は最優秀賞など"見える"もの。目的は学級が1つになったり，団結したりすることなど"見たい"もの」といったわかりやすい話を，板書やカードを用いながらするとよいでしょう。

　目的を見失わず，目標に向かって努力することで，はじめて成果を得ることができることを生徒に伝え，最後の文化祭や合唱コンクールにつなげていきましょう。

2 学級通信にして配付する

　上記のような話は，文化祭や合唱コンクールへの取り組み期間を通して意識してほしいことです。

　そこで，一度話をして終わりにするのではなく，右ページのように学級通信にまとめて生徒に配付するなど，浸透させる方法についても工夫したいものです。

> 合唱コンクールの取り組み期間に生徒に配付した学級通信

３年１組　学級通信第１０３号　平成２６年１１月９日（土）発行

```
みんな一人ひとり個性が違うけど，
  ひとつに団結して虹のように
  きれいですごいものを作り上げていこう！
雨上がりにできる虹みたいに，悲しいことや悔しいことがあっても
         １組みんなで乗り越えて，最後には虹みたいになろう？？
```

「合唱コンクール」

　今日は合唱コンクールです。なんか、昨日の合唱には、点数が付けられなかった。なぜだろう。自分でもわからない。今日までいろんなコトがあったけど、今日のためだけじゃなく、きっとみんなはみんな自身のために合唱をしているのだと思った。１回歌い終わったあと、「もう一回歌う？」って聞いたとき、「歌いたい」ってみんなから答えが返ってきた。それが、一番大切だと思うんだ。合唱コンクールのために歌うんじゃなく、合唱コンクールがきっかけになっているだけであってほしい。昨日も言ったけど、先生は、みんなを信じることしかできない。みんなが、いつも通りに自分らしく歌っている姿が見たい。３年１組が大好き。「○○○○」は、このクラスの応援歌。自分を励ますために、仲間を励ますために、楽しそうに歌っているみんなの顔を見ていたい。

　　　目標…「クラス全員で思いきり楽しみ、みんなを感動させる」（みんなで決めた合い言葉）
　　　目的…「心をひとつにしよう」

「目標」は「目的」に至るための過程なので、目標をクリアしなければ目的には近づく事はできません。「目的」に向かって、まずはクリアすべき目標に近づこう。

　　　最後に、できると思えばできる、できないと思えばできない
　　　　　困難なことに挑戦すればするほど、力ややる気が湧いてくるもの
　　　　　昨日の自分より、ほんの少し今日は進歩していこう
　　　　　みんなの笑顔は幸せを運んでくる

　　　無理にでも笑顔を作って、幸せでたまらないかのように陽気に振る舞って下さい。
　　　そうすると、脳が騙されて、不思議と幸せなような気分になってくるのです。
　　　そして、目標に近づけると思うよ。

**担任としてあなたたちの力を先生は信じる。みんなも自分と仲間を信じてほしい。
先生はこの３年１組ですごせたことを今は、とても誇りに思っている。君たちも思って欲しい。
本当に君たちは、いい曲を選曲してくれた。心からお礼を言います。ありがとう。**

17 文化祭・合唱コンクール

合唱練習での担任の仕事

1 毎日のめあてを示す

　合唱コンクールに向けて，学級で数週間の練習を行いますが，この練習にいかに効率よく，真剣に取り組ませるかで結果が大きく左右されます。
　とはいっても，担任は音楽が専門の教師ばかりではないので，どんな指導をし，助言をすればよいのか悩むことがあることでしょう。
　専門的なことの指導は音楽の教師に任せ，担任は簡単で明確なめあてを毎日与え，評価し続ければよいのです。
　「パート練習で，音をとれるようにしよう」
　「自信をもって，大きく口を開いて歌おう」
くらいなら，評価も簡単です。
　毎日のめあてを設定し，それを達成することを目指して練習する，という形ができ上がれば，音楽の授業で教わったことなどを基に，めあても生徒が決められるようになります。

2 ビデオでの振り返り

　練習をしていると，生徒たちはできているつもりでも，教師の目にはできていないと映ることがあります。歌っている本人には，自分たちの合唱がどう聞こえるのか，どんな姿で歌っているのかがわからないからです。そこで，週に1回ビデオ撮影をし，振り返りをさせてみます。自分たちの合唱を客観的に見れば，現在の達成度がわかるので，次の練習への意欲も高まります。ビデオ録画ができないときは，音声を録音するだけでもよいでしょう。

黒板や模造紙に書いて，今日のめあてを明確に示します

ビデオで振り返ると，客観的に検証することができます

17 文化祭・合唱コンクール

17 文化祭・合唱コンクール

生徒の力で進める合唱練習

1 練習は生徒の力で

　担任の考えを学級に浸透させるのは大事ですが，生徒の考えも聞かずに自分流のやり方で合唱練習を推し進めようとすると，反発を招きます。
　もちろん，生徒も合唱コンクールでよい結果を得たいと思っています。だからこそ，担任は生徒のやる気を高めることを主として，練習は生徒自身が考え，進めていけばよいのです。中学校生活３年目の生徒たちは，効果的な練習方法をよくわかっています。
　生徒は，頼りにすると，期待に応えようと努力します。この努力を信じ，担任は辛抱強く見守っていきたいものです。

2 練習後の反省会

　まずは，パート別に練習を行い，その後，全体で練習をします。そして，最後の１回は本番を想定し，緊張感をもたせて練習を行います。
　練習後には反省会を行います。各パートごとによかった点，気を付けなければならない点を話し合い，その結果をリーダーに伝えます。それらを踏まえて次回の練習のめあて（改善点）を決めます。
　反省会で留意することは，特定の生徒を責めたりするのではなく，「こうした方がいいよ」と具体的なアドバイスをするよう意識させることです。そうすることで学級全体に温かい雰囲気が生まれ，言われた生徒も前向きにアドバイスを受け取ります。

廊下で声を響かせる（生徒が考えた練習方法）

各パートに分かれて話し合い，反省点をリーダーに伝えます

17 文化祭・合唱コンクール

18 進路相談会

トークのネタ 進路相談会の前に

1 話し始める前に

　進路相談会の前になると，落ち着かない生徒が出てきます。自分の進路を決めることができず困っている生徒ばかりではなく，自分では決めていても保護者の同意を得ることができないために悩んでいる生徒もいます。中には，家庭では進路の話をしていない生徒，しようにもできない生徒もいます。

　担任も神経を使うものですが，生徒の将来設計のために寄り添うことができることを喜びとしたいものです。生徒には「進路相談会では，まずはあなたとおうちの方の話を聞くことを一番大切にしたい」と伝えましょう。また，できれば生徒と保護者の考えが一致しているとよいこと，たとえ異なっていても，迷っている事柄がはっきりしていればよいことも話しておくとよいでしょう。さらに，相談会で意見がまとまらなければ別日に相談をすること，そのような場合も決して心配することはないことも知らせておきましょう。

2 話の献立

- **進路相談会の内容**（生徒と保護者の考えを聞くこと，迷っている事柄を聞き，アドバイスすることを知らせる）
- **これからの進路日程とそれに伴う動き**（入学願書の作成，願書提出手続き，試験当日の動きなどを伝える）
- **資料提供**（高校案内などの進路資料の閲覧をすすめる）

トーク 進路相談会の前に

各生徒の進路相談日の案内文書を配付した後，次のように話します。

> 今手渡したのは，一人ひとりの進路相談会の日程の案内です。確実におうちの方に手渡してください。案内を見てもらうとわかるように，一人10分間です。「えっ，わずか10分間で進路相談は終わりなの？」と思った人もいるでしょう。

多くの学校では，進路相談で一人にかける時間は10～15分間程度のはずです。たったこれだけの時間なのかと思う保護者の方もいるので，あらかじめ生徒に次のように話しておくとよいでしょう。

> そう，わずか10分間なのです。一人ひとりに多くの時間はかけられないのです。もっとも，それまでに君たちとは進路相談をします。君たちの希望をしっかり聞きながら，成績の状況を踏まえて助言をします。その助言は，先生だけのものではありません。進路委員会という会議で，多くの先生たちで話し合った結果を伝えるものです。先生がはじめての3年生担当なので，心配している人がいるかもしれません。でも，ベテランの先生方も入っていただいて検討した結果を伝えますので，安心してください。

はじめて3年生を担任すると，進路指導は大きな不安の1つです。そのために，多くの学校では，校長以下他学年の教師も入った進路委員会が設置されているはずです。そこでの助言を確実に伝えるという気持ちで進路相談会に臨むとよいでしょう。

> 進路相談会前には，おうちでしっかり話し合ってきてください。できれば君たちとおうちの方の考えが一致しているとよいのですが，中には，お父さんが夜勤続きで話す機会がないという人もいますね。そういう人も心配することはありません。

学級の中には家庭環境が複雑な生徒もいます。進路相談は，一律に進めようとすると無理が生じます。焦ってはいけません。一人で抱えてはいけません。難題が発生しても，学年主任，進路指導主任等に相談すれば多くは解決するものです。

18 進路相談会

進路指導はチームで

1 進路指導はチームで行うもの

　３年での保護者面談（三者面談）は進路相談が中心です。最初の面談で基本的な方向性を確認し，学校見学をすすめたり，パンフレットを掲示するなどして，保護者と生徒に情報を提供します。

　どんな場面でも決めるのは生徒ですが，生徒と保護者の意見が一致していなければなりません。そのために事前に家庭でしっかりと話し合い，進路相談会では決定した結果を確認するというのが基本になります。しかし，生徒と保護者の意見が一致しておらず，時間を大幅に延長するような場合には，家庭でもう一度話し合い，再度来校していただくようにしましょう。

　また進路指導は，進路委員会というチームで行うものです。相談の内容によっては，学年主任や進路指導主任にお願いしましょう。

2 ていねいすぎるぐらいがちょうどよい

　生徒の希望進路がどうしても実現しがたいときには，その現実を伝えなければならないこともあります。そういった場合に可能な限りの選択肢を示すことができるよう，しっかりと情報を集めておきましょう。いずれにしても，最も大切なのは，生徒が自ら選択し，決めることです。進路指導主任との連絡を密にし，進路委員会でも他の教師との連携をとりたいものです。

　該当の生徒が長子の保護者も少なくありません。ていねいすぎるぐらいの対応がちょうどよいものと心がけておくとよいでしょう。

待ち時間に確認できるよう進路決定のスケジュールを掲示しておきます

進路決定への1年 — 選ぶ力＆選ばれる力の伸長を!!

月	行事予定	進路の計画			進路学習	テスト	実力Upのために＋α
4	始業式 PTA総会	進路希望調査①			進路この1年	学力テ	**基礎の充実** 1,2年の復習 問題集「ナビ」 1P学習 部活と勉強の両立
5						中間テ	
6	修学旅行	進路希望調査②			体験入学について	期末テ	
7	市内大会 終業式	三者懇談会……就職or進学の決定			夏休みの計画		**進路先を自主的に調べよう**
8	出校日	体験入学・学校見学					**勝負の夏** 苦手教科の克服 得意教科の伸長
9	体育大会	進路希望調査③				実力テ	行事と勉強の両立
10	文化祭		進学	就職 求人票 配布	進路選択の準備 「3年間の足跡」	中間テ	**総合力伸長** ・自己の課題に応じた取り組み
11	市音楽会		進路希望調査④	職場見学 職業相談	進学説明会 面接練習 「面接テスト」の記入	期末テ	・入試問題に挑戦 **家庭で進路相談を真剣に**
12	終業式		三者懇談会 …公立or私学の決定 私学受験校決定 (推薦・一般)		受験に向けての準備 ・受験先への経路 ・募集要項の確認 ・願書の記入 ・出願手続き ・生活設計		**実戦・応用力充実**
1	始業式		進路希望調査⑤ (公立推薦希望提出) 私学推薦出願(中旬) 私学推薦入試月末 私学一般出願(下旬) 三者懇談会 …公立受検校決定	就職選考 (中旬)		学年末	**出願手続き 期限厳守 NOミス** **入試対策** ・過去問に慣れる 生活リズムの確立 体調管理が一番
2	奉仕作業 送る会		私学一般入試 入学・合格手続き 公立推薦出願・入試 公立一般出願		・私推合格者 事前登校		**入学・合格手続きを確実に** ……資格を失います
3	卒業式		公立一般入試 (B,Aグループ) 定時制入試前・後期 通信制入試前・後期		新生活の スタートへ向けて 有終の美を飾ろう		

18 進路相談会

2章 中学3年の学級づくり 365日の仕事術＆アイデア

2学期の通知表

1 2学期の通知表作成のポイント

　3年の2学期は行事が目白押しです。それだけ生徒が活躍する場面も多いということです。また，進路について生徒と相談する機会が頻繁にあり，これまで以上に生徒自身や生徒の希望していることを深く理解することができます。所見で紹介できそうなネタがあれば，その都度メモしておくとよいでしょう。

2 2学期の通知表所見の文例

❶行事に熱心に取り組んだ生徒

　体育大会や合唱コンクールの練習に積極的に取り組み，級友とのきずなを確かなものにできました。また，毎日の課題をきちんと提出し，国語の小テストも確実に合格するなど，学習面でもよく努力しました。

　生徒の日々の取り組み姿勢を改めて価値づけするという意識をもって書かれた所見です。このように，行事や学習の具体的な場面を明記することで，生徒も自己のよさを今後に生かすことができます。

❷2学期に大きく成長した生徒

　合唱コンクールでは，指揮者として学級をまとめることに苦労しながらも，途中で投げ出さず，すばらしい合唱をつくり上げました。これまで以上の粘り強さを発揮してくれたことを担任としてとてもうれしく感じました。

　成長がみられた象徴的な場面を具体的に示しているので，保護者も我が子の成長をしっかりと感じとることができるでしょう。精神面の成長に触れる際は，具体的な場面やエピソードを示すことが特に重要です。

❸リーダーとして活躍した生徒

　プロジェクト活動のリーダーとして，卒業アルバムづくりに献身的に取り組みました。計画したことを現実のものとしていく実行力は見事なものでした。学級のムードメーカーとして欠かせない存在です。

　リーダーシップのある生徒は，ほめることができる場面がたくさんあります。上の例では計画性と実行力の両面をほめ，さらに学級という集団の中での存在感についても伝えようとしています。

❹進路目標が定まらない生徒

　体育大会や文化祭では，明確な目標をもち，達成感を味わうことができました。進路においても，はっきりとした目標をもつことが大切な時期になりました。冬休みに家族で学校見学に出かけてみるのも１つの手です。

　この時期に進路目標が定まっていない生徒の指導には，担任として頭を悩ませるものです。明確な目標が必要なことを他の事例から述べ，学校見学を促すなど，家庭の協力を求めています。

❺不登校傾向の生徒

　卒業まで残り少なくなってきました。なかなか登校できない日が続きましたが，定期テストでは家庭学習の成果を発揮し，進路に対して真剣に考えていることがよくわかりました。最後の踏ん張りを期待しています。

　欠席が続く生徒の所見は材料が少なく書きづらいものなので，何よりも日ごろからのかかわりを大切にすることが重要です。この文例では，家庭訪問の折に家でしっかり学習していることを知り，それを所見に生かしています。

19 冬休み

トークのネタ　冬休みの前に

1 話し始める前に

　３年の冬休みは，進路決定に向けた準備の最終段階です。高校入試や採用試験を目前に控え，何をすべきなのかをはっきりと伝えます。学習面の取り組みについては，これまでの模擬試験や定期テストの結果を確認し，まだ定着が十分でない部分を補強するような学習を進めるよう意識を高めます。

　そして最も大切なのが，２学期の進路相談会の内容を踏まえ，家族とじっくり進路の話をすることです。進路決定に当たっては，どうしても迷いが生じます。冬休み中に，自分の目で学校を見に行ったり，インターネット等を利用して情報を収集したりして，判断材料を増やすことも指導します。

　また，すでに受験が決定している高校や事業所への出願書類の準備等の手続きを確実に行うことや，学校で行われる面接や作文の指導に積極的に参加するよう伝えましょう。

2 話の献立

- ３年間の学習内容の定着度の確認（弱点の補強を促す）
- 進路の方向の決定（家族と進路について話し合いを深め，学校等に足を運ぶよう伝える）
- 高校入試や採用試験にかかわる諸準備（出願のための書類準備や面接，作文の指導への積極的な参加を促す）

トーク 冬休みの前に

> まもなく冬休みが始まります。今年の冬休みは，今までの休みとは違った休みになりそうですね。

> 高校入試や採用試験を目前に控えた休みです。このことは，どの生徒も理解していることでしょうが，進路決定に向けた準備のための大切な時間であることをしっかりと意識させます。

> 今度の休みは，目前に控えた高校入試や採用試験の準備をすることができる大切な休みです。わずか2週間の休みですが，この間の取り組みが進路決定に確実につながってきます。さて，この休み中でやるべきことには，どんなことがあるでしょうか？

> 生徒からは，当然「入試に向け，勉強を充実させる」「親と話し合いをする」「高校や事業所の情報を収集する」などといった発言が予想されます。それを，わかりやすく3つに分類して生徒に話をします。

> 1つめは，3年間の学習の総復習をすることです。これまでのテストでしっかり定着していない部分の補強をしましょう。
> 2つめは，家族と進路についてじっくりと話し合うことです。進路相談会で話したことなどを踏まえて，具体的にどの高校や事業所を受けるのかを納得するまで話し合いましょう。そのためには，実際に現地を訪問したり，情報を集めたりすることが大切です。時間がある冬休み中にやっておくべきことです。
> 3つめは，出願書類の準備をはじめとして，面接練習や作文練習といった入試にかかわる具体的な準備を始めることです。学校での指導に参加することも当たり前です。それに加えて，家庭でもおうちの方に協力してもらいながら準備を進めていきましょう。

> この3つは，時間にゆとりをもてる冬休みだからこそできることばかりです。家族の協力が得やすいのもこの冬休みです。ゆとりのある時間を有効に使い，自分自身の進路を見据えつつ，具体的な活動を始めようとする意識をしっかり高めたいものです。

19 冬休み
"自分だけの参考書"をつくろう！

1 机に向かっていなくても勉強はできる

　歴史の年号や英単語の暗記は，机に向かわなくてもできます。極端に言えば，ベッドで寝転がってでも，トイレの中でもできるわけです。タブレットPCに暗記カードを入れて学習することも効果的です。

2 毎日一定量を確実に

　３年の冬休みとはいえ，勉強に対するモチベーションは，日によって違うものです。やる気満々な日にがんばりすぎると，次の日に「昨日がんばった分，今日は少なめに…」などと自分を甘やかす原因になります。毎日同程度の量になるよう学習計画を立て，その内容を確実にこなしていくように伝えましょう。

3 ノートを"自分だけの参考書"に

　冬休みは，弱点となっている内容の補強が最優先です。焦りから，参考書や問題集を大量に買い込んでしまう生徒がいますが，新たに購入する場合も，自分の弱点を見極め，ごく薄いものを選ぶようにアドバイスします。
　また，まとめ方が工夫されているノートを紹介するのも効果的です。きれいに書くことだけに心を奪われがちな生徒もいるので，右ページ下の写真のように，間違えやすい漢字の注意すべきところにひと言コメントを入れるなど，"自分だけの参考書"をつくるようなイメージでノートをまとめていくよう促すとよいでしょう。

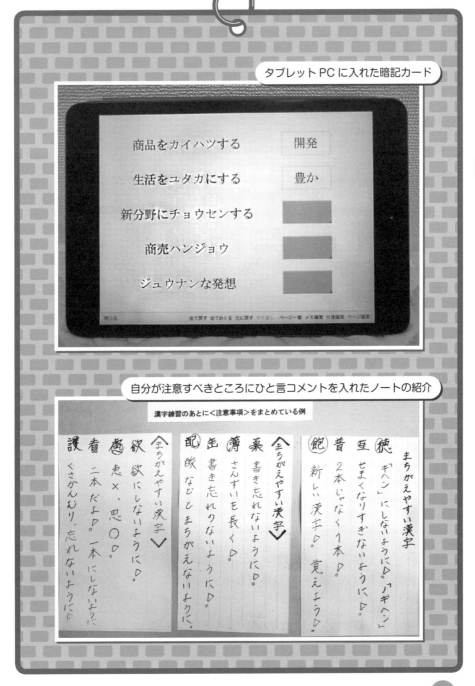

20 3学期始業式

トークのネタ 3学期始業式の日に

1 話し始める前に

　3年の3学期は，中学校生活を締めくくる大きな節目。卒業，そして進路決定という2つの大きな目標に向かって学級，学年が1つになる大切な学期です。生徒に卒業式まで何日あるかを数えさせ，実際に学校へ登校する日が予想以上に少ないことを実感させるのもよいでしょう。そして，卒業式までにどのような行事があるのかを確認し，3年生として何を学校に残すことができるのかを考えさせましょう。合わせて，「卒業生」と呼ばれることが多くなる3学期に，どのような行動をすることが，卒業生と呼ばれるに相応しいのかも考えさせます。真心を込めて餞の準備をする在校生に対して，学習面と生活面において模範を示し，よき伝統を引き継ぐことがその答えです。
　また，「受験は団体戦である」ということを生徒に意識づける必要があります。学級の仲間同士が声をかけ合い，支え合うことで，全員が合格というゴールを決めることができるということを伝えます。

2 話の献立

- **卒業式までのカウントダウン**（卒業式までにできることを見通させる）
- **卒業生と呼ばれることの意味**（尊敬される存在としての行動を意識させる）
- **支え合う学級づくり**（全員合格に向け，支え合うことの大切さを伝える）

トーク 3学期始業式の日に

　いよいよ3学期が始まります。中学校生活最後の学期です。卒業，そして進路決定という2つの大きな目標に向かって突き進んでいく大切な学期でもあります。ところで，卒業式までに学校へ来る日があと何日あるかわかりますか？

　実際に数えさせ，それほど日数があるわけではないことを実感させます。余裕があればカウントダウンカレンダーなどをつくるのもよいでしょう。約40日の日めくりが，1日1日減っていくごとに学級の絆が強まっていく幸せを感じることでしょう。

　約40日という限られた日数の中に，予定表にあるような様々な行事が予定されています。そうした行事の中で，皆さんのことを「卒業生」と呼ぶ機会が何度もあります。卒業生として，この3学期はどんな姿を在校生に見せるとよいでしょうか？

　卒業生としての心構えをこの始業式に確認します。卒業生としての3年生の姿は，常に在校生や教職員，保護者から注目されています。卒業生と呼ばれるに相応しい姿とはどんなものかを考えさせることによって，卒業生としての自覚をもたせます。

　皆さんが言ってくれたように，学校生活のあらゆる面で模範となる行動をすることです。あいさつや清掃など当たり前のことを徹底しましょう。それは，後輩たちに必ず引き継がれ，この学校の伝統となることでしょう。また，受験に挑む前向きな姿もしっかり見てもらいましょう。
　最後に，この学級での過ごし方について話します。「受験は団体戦」とよく言われます。つらいことや悲しいことも，うれしいことや楽しいことも，一緒に分かち合いましょう。支え合うことが，このクラス全員の合格というすばらしい結果に必ずつながっていきます。

　最後の学期はあっという間に過ぎ去ります。個人の夢の実現は，学級全員の目標でもあることを確認します。学級目標などの掲示物を見ながら話を進めると効果的です。

20 3学期始業式

20歳の自分への手紙

1 20歳の自分への手紙

　中学3年の1月は，成人式（20歳）まであと5年というタイミングです。
　そこで，20歳になった自分へ手紙を書かせてみてはどうでしょうか。成人式を迎える自分へ，自分からメッセージを送るのです。
　はがきに思いつくまま書かせます。下書きをさせたり，あらかじめ考えさせたりする必要はありません。いきなり「20歳の自分に手紙を送ろう」と話し，はがきを配付します。そのときの思いをストレートに反映させた方が，20歳になったときにより興味深く読めるものです。
　担任は，住所まで書かせたそのはがきをしっかりと保管し，生徒が成人式を迎える前に投函します（これを忘れてしまってはせっかくの企画が台無しです！）。

2 往復はがきで返信をもらう

　さらに凝った演出として，往復はがきを活用するという方法があります。
　往信面には自分から自分へのメッセージを書かせます。
　はがきを回収した後，返信面の上部に，20歳になった生徒への担任からのお祝いメッセージを書いておきます。一人ひとりに向けて書くのは大変なので，印刷したメッセージに直筆でひと言添えればよいでしょう。
　そして，はがきの下部に，生徒が担任に宛てて近況報告やメッセージを書く欄を設けておくと，はがきが届くのが楽しみになります（担任の住所の書き忘れに注意しましょう！）。

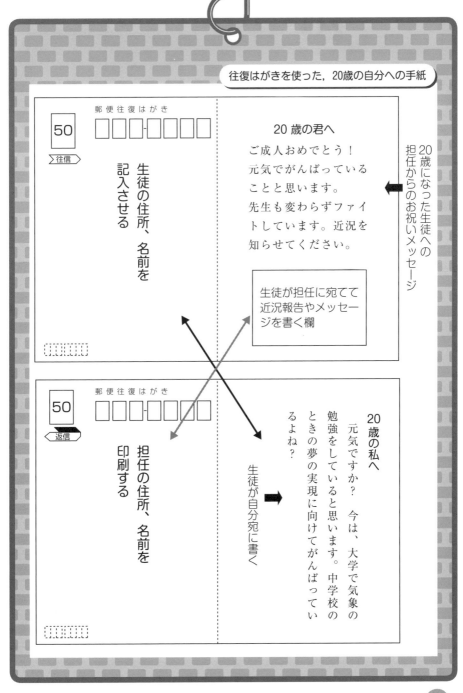

21 受験

トークのネタ 受験の直前に

1 話し始める前に

　高校入試や採用試験は，自分の将来を決める大切な試験ですから，緊張して当たり前です。この緊張を少しでも和らげ，平常心で受けられるようにするのが担任の大きな役割です。

　「まだやり残したことがある」とか「苦手な問題が出たらどうしよう」という不安が緊張を大きくします。したがって受験前には，不安を自信に変えるような話をします。「ここまでやり遂げた」という前向きな気持ちにさせるのです。合わせて，ここまで自分を支えてくれた人のことを考えさせましょう。そうした人たちへの感謝の気持ちも，前向きになる大きな力となります。

　そして，受験前日と当日の心構えを具体的に話します。前日には準備を済ませて早く寝ること，当日の朝は早く起床し，しっかり食事をとってから時間に余裕をもって家を出ることを伝えます。最後に，会場では笑顔とさわやかなあいさつが緊張をほぐしてくれることも伝えておきましょう。

2 話の献立

- 緊張の緩和（不安を自信に変える）
- 感謝の気持ち（支えてくれた人を思い出させる）
- 前日と当日の具体的な心構え（ゆとりをもった行動と，笑顔，あいさつの大切さを意識させる）

トーク 受験の直前に

　明日から受験が始まります。いよいよ，今まで皆さんが取り組んできた学習の成果を発揮するときです。はじめての受験で緊張している人も多いのではないでしょうか。もちろん緊張して当たり前です。
　しかし，緊張が大きくなると，本来の力が出せなくなることがあります。「やり残したことがある」とか「苦手なところが出題されたらどうしよう」というように，不安な気持ちをもっていると，どんどん緊張が大きくなります。そこで，考え方を変えましょう。「ここまでやり遂げた」「やるべきことはやった」という自信をもつことです。受験を楽しむぐらいの気持ちで臨めるのがベストです。結果は今気にすることではなく，受験が終わってから気にすることです。

　受験前のネガティブな気持ちをポジティブな気持ちに変えます。先生の語り口も明るさと元気に満ち溢れたものでなくてはいけません。不安を煽るような言葉は厳禁です。

　もう1つ大切なことがあります。それは，これまで支えてくれた人に感謝する気持ちをもつということです。どんな人が思い浮かびますか？

　家族や先生，友人などを思い浮かべさせます。どんなことをしてもらったかも問いかけるとよいでしょう。感謝の気持ちが，受験に向かう気持ちをさらに強いものにしてくれます。

　さて，今日の夜と明日の朝の心構えについてお話します。キーワードは「ゆとり」です。まず，今晩は，明日の朝早く起きるために，とにかく早く寝ることです。明日の持ち物の確認を早めに済ませ，いつもより早めに布団に入ります。朝は，早めに起きましょう。心配な人は，いろいろな方法を考えてください。この朝の時間にゆとりを生み出します。そして，しっかり朝食をとり，出発です。会場では，現地の先生や友人にさわやかなあいさつと笑顔に心がけます。自分の心も必ずほぐしてくれます。

　あせりは禁物であることを，ここで具体的に話します。気持ちのゆとりが，受験前にはとても大切です。

21 受験

みんなでお守り大作戦！

1 みんなでお守り大作戦！

　受験に向けて，学び合い，切磋琢磨してきた学級の仲間だからこそ，それぞれの苦労や努力を理解し合えます。最後まで，みんなで受験に向かってがんばってきたことのよさを実感させたいものです。

　その1つの方法として，「みんなでお守り大作戦！」と称し，みんなでお守りをつくり，互いに励まし合って受験に臨ませます。全員に小さなお守りができるほどの布きれを配ります。事前に家庭科部などの裁縫が得意な生徒に作成させたお守りのつくり方マニュアルを配付しておきます。お守りの中には，厚紙を小さく切ったものに今まで努力してきたことや仲間へのメッセージなどを書いて入れます。

　受験当日は，全員お守りを持って会場に行くことを学級役員から話してもらいます。

2 最終段階！　教師による全力の後押し

　受験当日，生徒は不安と緊張でいっぱいです。また，担任としては，万全の状態で入試に臨んでほしいと願っています。

　そこで，「必勝！」「自分を信じろ！」「みんななら やれる！」などの前向きな言葉をＡ3用紙に印刷し，学校や駅で掲げて迎えてあげましょう。生徒の将来を決める重要な1日です。担任が恥ずかしがっていてはいけません。

　また，ハイタッチ，力強い握手，背中を優しく押してあげるなど，担任だからこそ知っている生徒の性格に応じた後押しをしてあげましょう。

生徒が作成したお守り

受験当日に学校や駅で掲げるエールの言葉

21 受験

生徒を勇気づける言葉のお守り

1 当日, 担任として何もしてあげられないもどかしさ

　受験の日が近づいてくる中, 毎日生徒のそばで見守り続けることができるのが担任です。志望校, 就職先決定に向けて何度も進路相談を行い, ようやく志望先が決定。さあ, いよいよ受験！　しかし, この大一番当日に担任としてそばにいてあげられないことが, とてももどかしいものです。

2 生徒を勇気づける言葉を集める

　そこでまず, 受験の前日には, 合格祈願のグッズ（例えば合格しゃもじ）を用意して, 学級全員で合格を祈るというのもよいでしょう。ただし, 凝り過ぎたり, 特定の宗教色が出てしまわないように注意が必要です。

　受験当日の朝は, 駅や受験校の校門などで見送ると, きっと生徒も心強いことでしょう。そこから先は, 生徒にとって自分自身との戦いになります。そんなときの生徒の心境を考えると, 担任も不安で仕方ありません。

　そこで, 読んで安心できる言葉, やる気になる言葉, 勇気づけられる言葉を集めた学級通信やカードをつくり, 生徒に渡しておくことをおすすめします。右ページ下の写真は, 「自分に言い聞かせる短いことば"100"」です。受験当日に, そのまま持参させてもよいですし, 自分が気に入った言葉をあらかじめ短冊に書いて, 胸ポケットやペンケース, かばんなどに入れさせておくのもよいでしょう。

　担任も, 生徒と一緒に戦い, 勝利をつかみたいと願っていることをぜひとも伝えたいものです。

合格祈願のグッズ

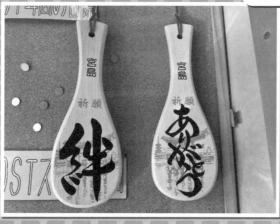

自分に言い聞かせる短いことば "100"

寒さのせいか、受験への緊張からか、ちょっとうつむきがちな3年生に贈ります・・・

 自分に言い聞かせる短いことば "100"

01 できるよ、できる
02 やれるよ、やれる
03 大丈夫、大丈夫
04 ばっちり、ばっちり
05 勇気を出して
06 自信をもって
07 明るくいけよ、明るく
08 すっきり、はっきり
09 落ち着いて、落ち着いて
10 笑って、笑って
11 ゆっくり ゆっくり
12 強く強う、強く
13 さわやかに、堂々と
14 オーケー、オーケー
15 good, good, good
16 あわてない、あわてない
17 いけいけ Go Go!
18 ガッツだ、ガッツ
19 ファイトだ、ファイト
20 しっかりしろ、しっかり
21 ていねいに、ていねいに
22 いけるよ、いける
23 まだ、まだ、まだ
24 俺ならできる、絶対できる
25 苦あれば楽あり
26 何とかなる、何とかなる
27 元気ですかー！
28 今が大事、今が
29 愛せよ、愛だよ
30 smile! smile! smile!
31 出会いだ、それも出会いだ
32 気合いだよ、気合い
33 人生に奇跡が起こる
34 気にしない、気にしない
35 Ｃｈａｎｇｅ！
36 やるだけはやる
37 人事を尽くして天命をまつ
38 くよくよしない、悩まない
39 気にしない 気にしない
40 進め、進め、進め
41 向き、不向きより前向き
42 うまくいく、うまくいく
43 人生に無駄なんてない
44 いいかげんさが時には必要
45 人のせいにしない
46 どん底に落ちたら、掘れ
47 わたしは天才！
48 意志強く、はっきりと
49 なんとかなるさ
50 いいことだけを思い出せ
51 感謝だ、感謝せよ
52 人生はワンツーパンチ
53 いただきます！
54 油断大敵
55 なめたらあかん
56 投げたらあかん
57 よっしゃぁー
58 一流をめざせ
59 一気に攻めろ、一気にやれ
60 よっ、日本一！
61 努力に勝る天才はなし
62 根性、根性、ド根性
63 がけっぷち！
64 勢いを大事にせよ
65 意地をはるな、意地は持て
66 初心忘れるべからず
67 うきうき ワクワク どきどき
68 アタックチャンス！
69 ここが勝負、ここだ！
70 友情の力
71 味方はたくさんいる
72 家族の顔を思い出せ
73 くちびるに歌を心に太陽
74 神様はちゃんと見てるから
75 努力は裏切らない
76 ころんだら起きればいい
77 ああ、これも青春
78 明日があるさ
79 ここまで来たじゃないか
80 栄光の陰に挫折あり
81 情熱はあるか
82 ファイト一発！
83 素直さが必要
84 傷つかぬ者に青春は見えない
85 うれし、たのしい、大好き！
86 I can do it!
87 Yes, I can!
88 誇りをもって、卑屈になるな
89 プライドは高く
90 強さも必要、やさしさも必要
91 こけたら立ち上がる
92 修業とは出直しの連続
93 正直、親切、愉快に
94 人生二度なし
95 オンリーワンを目指せ
96 人目を気にするな
97 自分は自分 人は人
98 感動すること
99 心配ないさぁぁぁ♪
100 今の人生は二度とない

22 同窓会入会式

トークのネタ 同窓会入会式の前に

1 話し始める前に

　同窓会という言葉は聞いたことがあっても，その組織や活動の様子を知っている生徒はほとんどいないでしょう。そこでまず，同窓会の目的や活動内容をわかりやすく説明します。その目的は「会員相互の親睦を図り，母校の発展に寄与する」という同窓会が多いでしょう。この意味を噛み砕いて話をします。活動については，学校によって特色があるので，事前に自校の活動内容を調べておき，具体的に伝えましょう。その際，自分の中学校が母校となることの意味を考えさせる必要があります。お世話になった学校に，卒業後は恩返しをする大切な役割が同窓会員にはあることを自覚させましょう。集まって交流を深めるだけが同窓会ではないことを知るよい機会です。

　そして，同窓会入会の行事の中で，同窓会の大先輩である同窓会長から直接お話を聞くことがあります。この話の中にも同窓会の存在意義や活動内容が盛り込まれるはずなので，生徒に聞く際の視点を与えてから会場に送り出すようにします。

2 話の献立

- 同窓会とは何か（会の目的や活動内容を知らせる）
- 母校の発展に寄与すること（学校に恩返しをするという意味を伝える）
- 同窓会長の話（話を聞く際の視点を与える）

トーク 同窓会入会式の前に

> 今日の午後，同窓会入会式が行われます。どの学校にもこうした同窓会という組織があります。同窓会は，この学校を卒業した人たちでつくっている会で，たくさんの会員の方がいらっしゃいます。皆さんの親やおじいちゃん，おばあちゃんも会員かもしれません。

まず，同窓会という組織が，この学校を卒業したたくさんの人たちによって組織されていることを伝えます。自分の家族にも会員がいれば，身近なものとして感じることができるでしょう。

> この同窓会の目的は，「会員相互の親睦を図り，母校の発展に寄与する」ということです。"親睦を図る"というのは，会員同士が交流して親しくなるということです。また，"母校の発展に寄与する"というのは，この学校に恩返しをするという意味です。卒業したら，それでこの学校と縁が切れるわけではありません。3年間お世話になったお礼の気持ちを込めて，後輩たちのために力を尽くすという大きな役割があるのです。

生徒にとって難しい言葉が並びます。噛み砕いてわかりやすく話をしましょう。特に，"母校の発展に寄与する"ということが，具体的にどんなことをすることなのかわからない生徒は少なくありません。そこで，「資源回収の際に協力する」「部活動指導の補助をする」「卒業生と語る会に参加する」「同窓会費の納入に協力する」「進学した高校で活躍する」など，いくつかの例を示し，普段の生活の中で協力する場面がいくつもあるということを示すことが大切です。

> これから行われる同窓会入会式では，同窓会の会長さんがごあいさつをされます。皆さんの大先輩にあたる方です。先ほど話をした，親睦と母校への寄与という2つの点についても，そのあいさつの中で触れられることと思います。

式には厳粛な気持ちで臨むということも，もちろん指導します。さらに，漫然と聞くのではなく，自分たちの大先輩が卒業生である自分たちにどんな話をされるのか，視点を定めて聞けるように話を進めます。

22 同窓会入会式

学校の歴史を知ろう！

1 卒業台帳で伝統の重みを知らせる

　卒業台帳は，その学校を卒業した者の一覧です。すべての同窓生の記録とも言えます。

　卒業台帳は，どの学校でも耐火金庫に入れ，大切に保管されています。それを教室に持ち出すことはできないので，デジタルカメラで撮影し，教室で大型ディスプレイなどに表示して見せるとよいでしょう。伝統の重みを感じさせることができます。

　多くの卒業台帳には，卒業生番号，氏名，生年月日が記録されています。その中で，卒業生番号に注目させるとよいでしょう。その卒業生番号は卒業証書に記載され，知らされることを伝えておきます。

2 学校の歴史を紹介

　歴史のある学校であれば，『○周年記念誌』といった冊子を発行していることでしょう。同窓会入会式前に，その記念誌を生徒に閲覧させたり，記念誌から特徴的な写真をデジタルカメラで撮影し，プレゼンしたりするとよいでしょう。

　同窓会長のプロフィールを紹介するのも大切です。同窓会入会式で話をされる同窓会長への関心を高めることができます。

　また，校内には同窓会から寄贈されたモニュメント等があるのではないでしょうか。この機会にそれらを紹介することもよいでしょう。教師自身が改めて学校の歴史を感じることにもなります。

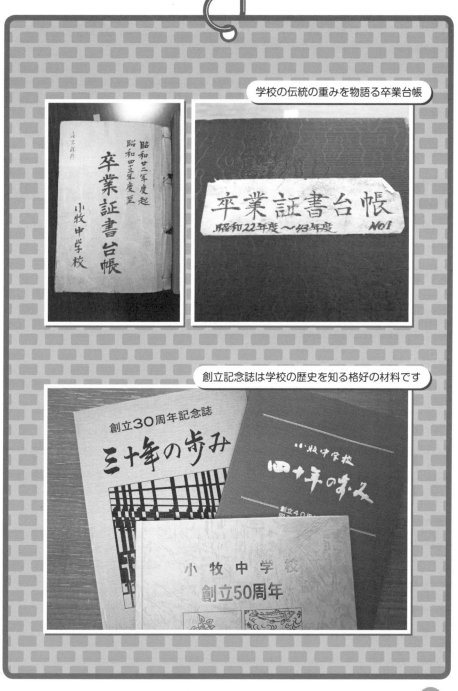

学校の伝統の重みを物語る卒業台帳

創立記念誌は学校の歴史を知る格好の材料です

23 卒業式

トークのネタ 卒業式の前に

1 話し始める前に

　卒業式は，中学校生活最後の大行事です。卒業式の前には，まず３年間を振り返り，中学校生活で自分が成長したと思えることを考えさせましょう。卒業生を送る会で使用したスライドショーなどがあれば効果的です。

　次に，実際の卒業式の流れを確認します。厳粛な雰囲気の中で式が行われ，式辞や祝辞，送辞，答辞などのあいさつが続きます。こうしたあいさつの中でも３年間の思い出が語られます。その話を聞きながら，ここでも成長した自分を感じさせることができます。

　そして，どのような心構えで式に臨むのかを考えさせます。やはり何よりも大切なのは，感謝の気持ちでしょう。先生，友だち，地域の人，そして家族への感謝。感謝の気持ちは，式中の卒業生のすべての姿勢や行動，しぐさで表現するということを強調して伝えましょう。入退場の姿勢，証書授与の際の返事や歩き方，話を聞く態度，礼の仕方，合唱など，すべてに感謝の気持ちを込めることを意識させたいものです。

2 話の献立

- ３年間の振り返り（思い出を語り，自分自身の成長を感じさせる）
- 卒業式の流れの確認（厳粛な雰囲気の中の感動を大切にさせる）
- 式に臨む心構え（すべての行動に感謝の気持ちを込めさせる）

トーク 卒業式の前に

　来週，いよいよ卒業式が挙行されます。皆さんとの生活もあと数日。様々な思いが，今，胸の中を駆け巡っていることでしょう。この３年間で身体も心も本当に大きくなりましたね。この３年間を振り返り，自分が成長したなと思えることにどんなことがありますか？

　様々な行事や出来事が発表されることでしょう。担任として発言を温かく受け止め，学級全体で成長を認めるような言葉かけをしましょう。この時間に，一人ひとりが主役となれるよう，担任として話しやすい雰囲気をつくります。まずは，笑顔が大切です。

　皆さんが歩んできた３年間の思い出は，卒業式の中で必ず話題として出てきます。お話をされる方が，それらに対して評価をされます。これは３年間がんばってきた皆さんへの評価でもあります。式辞をはじめとして告辞，祝辞，送辞，答辞などにもしっかりと耳を傾け，自分たちの３年間を振り返り，ここでも自分自身の成長を感じましょう。さて，この卒業式に，皆さんはどんな心構えで臨みますか？

　卒業式の練習時に何度も指導されてきていることですが，生徒自身の言葉で確認をします。「しっかりとした姿勢で臨む」「堂々とした態度で臨む」「返事や合唱に心を込める」というような発言が聞かれることでしょう。担任は，それらの意見を「感謝」という言葉に結び付けていきます。すべてのしぐさ，行動がお世話になった人たちへの感謝の気持ちに満ちあふれたものであることを自覚させます。

　皆さんは，この卒業式の主役です。堂々としたふるまいをしてください。返事や歩き方，証書の受け取り方，礼や立ったときの姿勢，合唱，とすべての行動が堂々としたものであるべきです。なぜなら，それがお世話になったすべての方への感謝の気持ちを表すことにつながるからです。卒業式は，みなさんがこの学校を旅立つ日であり，感謝を伝える日でもあります。
　さあ，感謝の気持ちとともに，みんなで感動的な卒業式をつくり上げましょう！

23 卒業式

卒業までの カウントダウンカレンダー

1 カウントダウンカレンダー

　卒業式当日に向けて学級全員で取り組みたい学級掲示物，それがこのカウントダウンカレンダーです。
　クラスに生徒が40人いたら，担任教師と合わせて41日分の画用紙を準備します。この画用紙は，あらかじめクラスで決めたデザイン画を切り分けたものです。
　そして，裏面にはそれぞれの生徒が今年１年間の学級の思い出，学級の友だちへのメッセージ，卒業に向けての自分の思いなどを自分の担当日（残り日数）とともに書き込みます。準備にはそれなりの時間がかかるため，２学期には連絡し，冬休みの時間などを使って制作させると，ゆとりをもって取り組めます。
　そして，学校への登校日数残り41日から掲示がスタートします。教室の背面黒板などに掲示し，１日の終わりに１枚追加します。
　順番は学級でランダムに決めればよいのですが，最終日は担任，最終日の前日は学級委員などが適任と言えます。

2 １日１ピース，卒業式当日に完成

　１日１ピース，だんだんカレンダーが完成に近づいていきます。卒業式当日を迎え，完成したときにはクラス全員で感動することができます。特に，デザイン画を学級目標やクラスならではのものにしておくと，生徒の心に一生残ること間違いなしです。

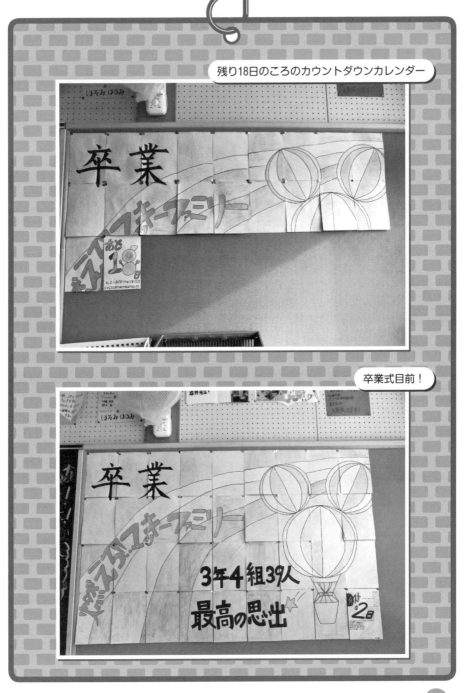

23 卒業おめでとう 卒業式

スライドショーで感動を演出！

1 動き・返事・合唱にこだわる

　中学校の卒業式は，義務教育9年間の総まとめ。だれが見ても，すばらしい式にしたいものです。
　それでは，すばらしい式はどこで決まるのでしょうか。起立や着席，礼などの「動き」，卒業証書授与で名前を呼ばれたときの「返事」，そして，「合唱」の3つが特に重要です。練習から，この3つの大切さを繰り返し伝えれば，きっと生徒たちは当日の姿で応えてくれます。

2 思い出の写真を次々と

　卒業式前日，黒板に生徒全員の名前や教師からのお祝いの言葉を書いておき，当日の朝，登校した生徒たちの気持ちを高めることは多いでしょう。
　それだけでなく，黒板に学級の思い出の写真をスライドショーにして映すと，感動もより大きくなります。
　ただ，スライドショーというと，準備に時間がかかり，大変なものだと思われるかもしれません。しかし，特別なソフトなど不要な，とても簡単な方法があります。パソコンのスクリーンセイバーの機能を使えばよいのです。この方法なら，撮りためた画像データをパソコンの所定のフォルダに入れ，スクリーンセイバーを起動した瞬間に，次々と写真が流れ始めます。
　卒業式当日の朝に登校した生徒たちが見られるようにしておけば，学級生活の様々な思い出がよみがえり，卒業式への気持ちが高まること間違いありません。

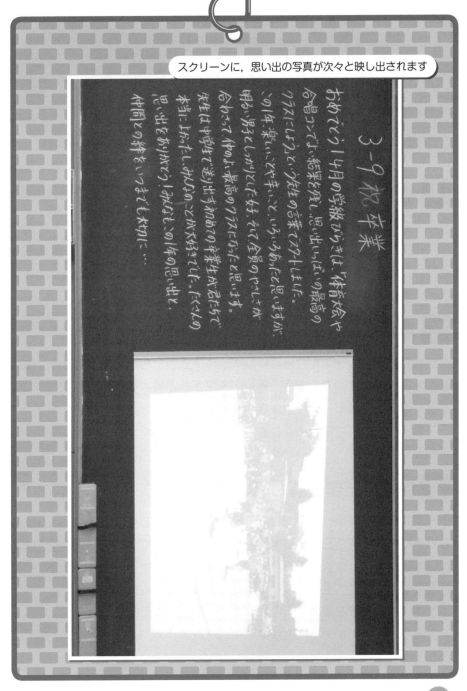

23 卒業式

卒業式当日の板書，掲示物

1 担任の話は短ければ短いほどよい

　卒業式後の教室。担任の話はついつい長くなりがちです。しかし，卒業式の緊張感から解放された生徒に，長い話はなかなか伝わりません。大切なことだけ，言葉を選び，短く伝えたいものです。じっくり聞かせたいことは，前日に話しておきましょう。

2 卒業式当日の板書，掲示物

　学級開きの日に詩を紹介していれば，卒業式当日も詩を黒板に書き，生徒を迎え入れるとよいでしょう。難しい言葉が並ぶ詩よりも，わかりやすいながらも奥深い内容のものがおすすめです。
　また，卒業に向けた日めくりカレンダーなどをつくっていれば，右ページ下の写真のように，それらをすべて黒板に貼ると迫力があります。

3 生徒にだまされ，思いっきり驚く

　卒業式後の時間に，生徒がサプライズの会を催してくれることがあるかもしれません。生徒たちなりに考え，工夫を凝らしてくれています。担任は，思いっきり驚き，喜びましょう。そうすることで，生徒たちは人を喜ばせることに幸福を感じ，生き甲斐を見いだす人になってくれるはずです。
　生徒は内緒で事を進めようとしますが，どことなくいつもと違った雰囲気で計画がわかってしまうことがあるかもしれません。そんなときも，知らぬふりを通しましょう。

わかりやすく，奥深い詩を（写真は「さようなら」（谷川俊太郎））

卒業に向けた日めくりカレンダーを並べて

3学期の通知表

❶ 3学期の通知表作成のポイント

　中学校生活最後の通知表です。生徒も保護者も最後にどのような所見が書かれるのかは興味津々です。1年間のがんばりをしっかりと評価し，新しい世界へ踏み出すことへの激励の言葉を送るとよいでしょう。生徒や保護者がいつまでも心に残してくれるような言葉を記述できるように努力したいものです。

❷ 3学期の通知表所見の文例

❶もっているよさを大いに評価したい生徒

　一緒にいるとほっとできる〇君は，学級においても温かい存在でした。また，希望校合格に向けて苦手科目の強化学習に努めることができました。高校入学後もさらに自分自身を高め，夢に向かって努力してほしいと思います。

　「一緒にいるとほっとできる」という言葉は，担任だからこそ書けるものです。その生徒ならではの個性や人間性を認めてもらうというのは，保護者にとってもうれしいことです。

❷リーダーとして大きな成長をとげた生徒

　頼まれると断れない人のよさと，最後まで責任を果たす正義感をもっています。はじめての学級委員にも果敢に挑戦し，苦しい思いをしながらもたくさんのことを学び，すばらしい成長をとげた1年間でした。

　この例のように，生徒のよいところはストレートに表現してしっかり伝えましょう。「最後まで責任を果たす正義感」といった表現は，生徒も保護者もいつまでも心に残るものです。

❸学習面で顕著な成果がみられた生徒

　○さんのひたむきに学習に取り組む姿勢は，いつも級友のよい手本になりました。進路が決まるテストでは，問題集に繰り返し取り組むことで，成績を飛躍的に向上させることができました。

　学習効果があった事実（問題集への取り組み）を明記すると，生徒も保護者も何を大いに評価されているかがわかるでしょう。学習面に限らず，生徒の一番のよさを詳細に伝える所見も保護者からは喜ばれます。

❹次のステージでの飛躍を期待したい生徒

　友だち想いで，人のために一生懸命働くことができました。厳しいサッカー部の練習に最後まで果敢に取り組んだことも大きな自信になったはずです。３年間で鍛えた精神力を，高校生活でも発揮することを期待しています。

　「友だち想い」「人のために一生懸命働くことができる」など，中学校生活における生徒のよさをしっかりと評価しつつ，それらを生かしたさらなる活躍に期待を示しています。

❺自分のよさを生かし，可能性を広げてほしい生徒

　穏やかでいつも笑顔で人に接することができました。また，感謝の心を忘れない○さんは素敵です。演劇部での活動のように，常に努力する姿勢をもち続け，進学先でさらに自分の可能性を広げてほしいと思います。

　中学校生活の総括として，生徒の人間性や姿勢のすばらしさが認められた場面を具体的に示し，そういったよさを維持することで，自分自身の可能性を広げることを期待するメッセージを送っています。

【執筆者一覧】

玉置　　崇（小牧市立小牧中学校長）
山田　貞二（一宮市立大和中学校長）

金子　和人（小牧市立小牧中学校教諭）
近藤　肖匡（大府市立大府中学校教諭）
芝田　俊彦（小牧市立味岡中学校教諭）
白石　多惠（小牧市立小牧中学校教諭）
田島　圭祐（一宮市立木曽川中学校教諭）
玉置　潤子（春日井市立高森台中学校教諭）
丹羽　浩一（小牧市立小牧中学校教諭）
筒井　研一（小牧市立小牧中学校教諭）
遠山　由香（小牧市立小牧中学校教諭）
永津　英一（岩倉市立岩倉中学校教諭）
林　　　紫（小牧市立小牧中学校栄養教諭）
平田みつこ（小牧市立小牧中学校教諭）
松井　綾子（岩倉市立岩倉中学校教諭）
松井美也子（小牧市立小牧中学校教諭）
三品　慶祐（小牧市立小牧中学校教諭）
水野　朋美（小牧市立小牧中学校養護教諭）
弓矢　敬一（一宮市立大和中学校教諭）
渡邉　明代（小牧市立小牧中学校教諭）

【編著者紹介】

玉置　崇（たまおき　たかし）

1956年生まれ。公立小中学校教諭，国立附属中学校教官，中学校教頭，校長，県教育委員会主査，教育事務所長などを経て，現在，愛知県小牧市立小牧中学校長。

文部科学省「教育の情報化に関する手引作成検討会」構成員，「学校教育の情報化に関する懇談会」委員，中央教育審議会専門委員を歴任。

著書に『スペシャリスト直伝！　中学校数学科授業成功の極意』（明治図書，単著），『わかる！楽しい！　中学校数学授業のネタ100　1～3年』（明治図書，編著），『中学校学級担任必携　通知表所見の文例集　1～3年』（明治図書，編著），『玉置流・学校が元気になるICT活用術』（プラネクサス，単著），『「愛される学校」の作り方』（プラネクサス，共著）など，多数。

中学3年の学級づくり
365日の仕事術＆アイデア事典

2015年3月初版第1刷刊	©編著者　玉　置　　　崇
	発行者　藤　原　久　雄
	発行所　明治図書出版株式会社
	http://www.meijitosho.co.jp
	（企画）矢口郁雄（校正）井草正孝
	〒114-0023　東京都北区滝野川7-46-1
	振替00160-5-151318　電話03(5907)6701
	ご注文窓口　電話03(5907)6668
＊検印省略	組版所　株式会社明昌堂

本書の無断コピーは，著作権・出版権にふれます。ご注意ください。

Printed in Japan　　　　　　　　　ISBN978-4-18-175342-9

もう通知表作成で悩まない！

玉置 崇 編著

中学校学級担任必携
通知表所見の文例集

1，2，3学年別3分冊
各144ページ
本体各1,800円＋税

図書番号
1年／0355　2年／0356　3年／0357

各教科の学習から学校行事，部活動まで，学校生活のあらゆる場面を幅広くカバー。一つひとつの文例が短文なので，自由自在にカスタマイズできます。また，改善を促したいことなどを前向きに伝えられる「努力を促し，励ます文例」も収録しました。

総数1164の文例の中から，
クラスのどの生徒にもピッタリの一言が必ず見つかる！

明治図書　携帯・スマートフォンからは **明治図書ONLINEへ** 書籍の検索，注文ができます。▶▶▶

http://www.meijitosho.co.jp　＊併記4桁の図書番号（英数字）でHP，携帯での検索・注文が簡単に行えます。

〒114-0023　東京都北区滝野川7-46-1　ご注文窓口　TEL 03-5907-6668　FAX 050-3156-2790

＊価格は全て本体価格表示です。